U0894810

2006 年 7 月，参加河北全国部门决算报表
设计座谈会的全体同志

2006 年 8 月，参加海南全国部分省市部门
决算座谈会全体成员

2007年6月，参加云南全国部门决算报表
设计座谈会全体成员

2010 年 8 月，参加河北全国部门决算
座谈会全体成员

耕耘决算

邹 平 著

中国财经出版传媒集团
经济科学出版社
Economic Science Press

图书在版编目（CIP）数据

耕耘决算/邹平著．—北京：经济科学出版社，2018．6
ISBN 978－7－5141－9467－8

Ⅰ．①耕…　Ⅱ．①邹…　Ⅲ．①财政预算－通俗读物
②决算－通俗读物　Ⅳ．①F810－49

中国版本图书馆 CIP 数据核字（2018）第 136609 号

责任编辑：于海汛
责任校对：靳玉环
责任印制：李　鹏

耕 耘 决 算
邹　平　著
经济科学出版社出版、发行　新华书店经销
社址：北京市海淀区阜成路甲 28 号　邮编：100142
总编部电话：010－88191217　发行部电话：010－88191522
网址：www.esp.com.cn
电子邮件：esp@esp.com.cn
天猫网店：经济科学出版社旗舰店
网址：http：//jjkxcbs.tmall.com
北京季蜂印刷有限公司印装
880×1230　32 开　6 印张　90000 字
2018 年 6 月第 1 版　2018 年 6 月第 1 次印刷
ISBN 978－7－5141－9467－8　定价：21.00 元
（图书出现印装问题，本社负责调换。电话：010－88191510）

自序

在财政部门工作三十多年，无论是在省财政厅行政事业财务处、社会保障处，还是在财政部行政事业决算处，几十年转来转去，我始终没离开过行政事业单位预、决算和行政事业单位财务管理工作，尤其是后十年，专职做了十年行政事业单位决算工作。可以说，我与行政事业单位预、决算和财务管理结下了不解之缘，特别是对行政事业单位决算，心心念念，别有一番情感在其中！

预算和决算，是财政财务人员的两项基本功。预算是计划，决算是预算执行的结果。决算全面反映了一年中行政事业单位会计核算情况、财务管理情况和预算执行结果，为改进和加强财政财务管理提供了基础信息，也为管理会计解析过去、掌控现在、筹划未来提供了重要的数据资料。

记得刚参加工作到省财政厅，我就对处里两位老财政“一本决算在手，单位财务情况全有”的精湛业务水平钦佩不已，暗下决心：我也要做到像他们那样！几十年工作中，我眼见一批又一批各级财政、财务部门的同志，为了加强行政事业单位财务管理、提高资金使用效益，以满腔的热情、高度的责任心和事业心，从事着平凡而又繁琐的决算管理工作。他们自发运用管理会计的技能，以设计的各种审核工具为放大镜和搜索器，在浩繁的行政事业单位决算数据群中精准定位、反复扫描，及时发现问题，顺藤摸瓜查找原因，对症下药提出改进和加强财政财务管理的意见和建议，不断提高财政财务管理水平。决算工作者不在聚光灯下，也少有掌声、多是辛苦，但他们仍然在决算中默默耕耘，抛洒汗水、奉献青春。他们深深地影响着我、激励着我。

几十年过去，通过在工作中不断学习、不断实践、不断思考和总结，我对行政事业单位预决算、财务管理和决算分析评价积累了一些心得体会，有了一些粗浅的经验和想法。根据财政部《关于全面推进管理会计体系建设的指导意见》等管理会计系列文件，为推进行政事业单位加强预算绩效管理、决算分析和评价工作，所以写了这本小册子。

书中不当之处，恳请各位同行批评指正。

2018 年 2 月

目录

这时与那时

——我经历的行政事业单位决算30年变迁

20世纪80年代初，我毕业分配到省财政厅，干的第一件工作就是审核汇总行政事业单位决算。30年后，我在财政部干的工作仍是审核汇总行政事业单位决算。工作还是那工作，但这时与那时已大不相同。随着经济发展、办公设备现代化和财政管理精细化，审核汇总决算已由“一把算盘一支笔”变为“计算机+复印机”，从“刀耕火种”走入了现代化。这时与那时相比，说是天壤之别不算夸大。

那时的决算，一套报表，一份简要说明，足矣。**这时**的决算，则是由基础数据表、填报说明、分析表和分析报告四部分组成的一套完整的报表体系，能够比较全面地反映行政事业单位年度预算执行情况。

那时报决算，主管部门向财政报一套汇总表，最多再附上所属二级单位的决算表，已是厚厚一大摞，难以用订书机装订，只能靠手工用针锥和线绳连缀；省、市、自治区向财政部报决算只报一套汇总表，所有行政事业单位的决算数据全都一勺烩进去，不分你我，想查具体单位，没门儿。**这时**报决算，主管部门一套汇总表打印装订得整整齐齐，附带一张数据光盘，存储了所属所有行政事业单位的决算数据，有的部门预算管理级次有五级之多，所属单位达 2000 个以上！省、市、自治区报决算，所有行政事业单位决算数据也都尽数装入光盘，有的省独立核算行政事业单位多达 5 万个以上！全国行政事业单位决算共汇总独立编制单位近百万个，其中独立核算并分户报送决算的单位 60 多万个，这 60 多万个单位每单位 36 张决算报表在全国部门决算数据库里均可以查阅，上到国家部委，下到乡中心小学和卫生院。

那时审核决算，靠用算盘一行行一列列地加减核对，表间有勾稽关系的数据靠前后翻页一个个数据进行比对，审核人员的技术能力和业务水平占主导地位。一本决算密密麻麻有数以万计的数据，各级财政都对应上百个行政事业单位上百本决算，靠人工审核如何能审得过来？经常是顾了这头丢了那头，记住了这里忽略了那里，一些问题难免漏网。**这时**审核决算，只需启动决算软件，手指一点“审核”，只见计算机屏幕一阵闪烁，2300 多条审核公式就迅速将单位决算审核一遍，严格规范，标准统一，所有问题，一网打尽。审核出的问题软件以红、黄、绿三色提示如何处理：基本平衡公式报错是红色，如同不得触碰的红色警戒线，有错必改；逻辑性公式报错是黄色，原则上不应出错，经核实确实如此，要附上报错说明和文件依据；核实性公式报错是绿色，核对后有错改错、无错保留。另外，还设有十几个审核模板，利用计算机对决算数据的内在合理合规性进行审核，审核报错直接列出具体单位，例如，××县职业中专小汽车单价为 80 万元，××市××局房屋建筑物平均单价为 20 元 / 平方米……单位清楚，问题确凿，除了修改，无可辩驳。除了审核决算报表，从 2009 年度决算开始，又在部分中央部门和地方省市开展了部门决算“账表一致性”核查工作，核查中央、省、市、县、乡五级财政的部门决算报表是否“表表一致”，核查单位决算报表是否“账表一致”，确保决算数据的真实性、准确性。

那时汇总决算，就靠一把算盘一支笔。决算会审会的承办单位只需准备两箱算盘，组织者将参会人员分成若干小组，把各省市的决算报表分别拆开，每组分上几页，人手一把算盘，便开始汇总。一些老财政参加决算会审会，总是自带一把袖珍算盘，为的是用起来顺手。每个人汇总决算前，先要把 30 个省、市、自治区（重庆市尚未直辖）的报表用算盘一一进行核对，一遍不行，至少要打上两遍。然后将 30 张表的同一行折叠出来，用别针别好，用尺子标出一格，把这一格的数字用算盘加总出来，填入全国汇总表的同一格。一格汇完，移动尺子，再汇下一格。汇决算就是这么一格格地进行数字加总，汇完这一行，再折叠出下一行；汇完这一页，再汇下一页……每页报表少说也有 200 ~ 300 个数字格，一格格用算盘加出来已属不易，一旦汇完把汇总表的数字用算盘一打，发现横行竖栏合计数对不上，脑袋当即就懵了！到底是自己算盘打错还是原报表的错？云里雾里不明就里。要想找错，是将表上的200多个栏目一个个再重新加一遍？还是将30张报表一张张再重新审核一遍？算算哪一样都工作量巨大，把人急得抓耳挠腮郁闷无比！我就不幸遇到过这种情况，找了半天硬是找不出错在哪里！最后还是我们组长亲自出马，根据误差数额进行比对查找，总算比较快地找出了问题，免去我重新返工之辛苦。**这时**汇总决算，只需点击一下软件“汇总”功能，10分钟内，31个省、市、自治区上千页决算报表就汇总完毕，简单轻松，准确无误！而且汇总方式灵活多样，既可以对全部行政事业单位作完全汇总，也可以对某个特定预算级次的行政事业单位进行分级汇总，还可以根据不同管理需要对各类行政事业单位进行选择汇总。方式自选，操作简便，功能强大，满足所需，可以最大限度地利用决算数据。

那时决算资料不是每年都印，通常是5～10年才印制一本决算资料汇编。每年的决算报表，都靠人工复写，一式五份，想多要也没有，五份已是复写的极限，再多就字迹不清了。一套报表几十页，复写下来，我右手中指关节因用力过度，会深深凹下一个坑，好几天也缓不过来。仅有的五份决算，除了上报两份存档一份，只剩下两份供平时查阅使用，十分不便。**这时**的决算资料印制，每年一套两册，《数据资料》多达300多页，《分析资料》100多页，彩色印制，图文并茂，印数随你，大大方便了决算资料的广泛使用。根据需要，2008年度还设计印制了240多页的“中央部门决算解读”，通过将160个中央部门决算收入、支出、结余，以及招待费、出国费、车辆购置及运行费等主要指标进行人均化的解读，使繁复的决算数据变得简单化和直观化，大大增强了可读性和可比性。如果没有计算机做强大的技术支持，要做到以上这些是根本不可能的。

那时查询分析决算数据，总共就那么一套全国（省）汇总表，不分省（市）和单位，千查万查也只能是这套表上的汇总数，而且进行数据分析十分麻烦，要想分析全国分省人均开支，就要找出30个省

（市）的决算报表，然后画表取数，先取各省的支出数：合计、工资、补助工资、职工福利费、办公费、水电费、业务费、会议费等将11个“目”级科目一一取出；再取各省职工人数；然后用算盘和计算器一项项计算，将数字填入分析表中。想分析支出增减变动情况，要按支出的类、款、项列出本年支出数，再翻出上年决算表列出类、款、项的上年支出数，然后用算盘打出增减数，再用计算器算出增减比例……这么繁杂的工作，能制出几张分析表已属不易，很难再进行多层次、多角度的深入分析。**这时**决算查询和分析，中央分部门、地方分省市的30多张分析表全部由计算机从决算数据中自动生成，无需人工计算。全国60万个独立核算并填报单户决算报表单位的决算数据全都在数据库里，只要你需要，可以对决算数据进行任意查询和分析。可以按中央、省、市、县、乡五级预算管理级次对行政事业单位的收支余情况进行分析；可以按行政单位、参公单位、一般事业单位、高校、医院等不同类别单位的收支余情况进行分类对比分析；还可以与预算比，与上年决算比，同类单位间横向比、纵向比、人均比，对收入、支出和结余资金结构及变化、人均支出结构及变化进行分析……通过各种排列组合和多角度的分析对比，能够将预算执行情况、资金使用效益和预算执行中存在的问题反映得一清二楚。

那时的决算，无论是审核、汇总或分析，更多依靠的是个人技术能力和业务水平，如打算盘的快捷准确、对决算报表的熟悉程度、对表间数字逻辑关系的了解等；能力和水平更多表现在对各报表表间数据逻辑关系的审核、汇总报表出现错误时的找错和设计简单实用能反映问题的分析表等方面。**这时**的决算，计算机代替了手工操作，使许多繁杂的业务和技术性工作变得简单，淡化了人的技术能力和业务水平的差别。人可以从大量数据核对工作中解放出来，集中精力用于设计科学合理的决算报表和分析表，深入细致地开展决算分析，进行决算数据“账表一致性”核查等工作上，使决算数据质量不断提高，为改进和加强财政财务管理提供更多可靠有用的财务会计信息。

那时的行政事业单位决算，分别由财政部文教行政、农业、工交、商业等业务机构设计、布置和汇总，实行条条化管理，全国（省）没有统一的行政事业单位决算报表，不同部门和单位之间收支余数据难以进行比较，也无法掌握全国（省）行政事业单位的整体情况。**这时**的行政事业单位决算，由财政部国库机构对全国行政事业单位决算报表统一设计，统一布置，统一会审、汇总和分析，不仅能全面掌握全国行政事业单位资金收支余、机构人员、财务和资产负债情况，而且大大增强了同类单位的可比性，便于分析和发现问题；各业务机构负责审核、批复分管部门的决算报表。财政部门内部各业务机构分工协作，相互配合，形成了一个科学合理的决算工作流程。目前，一个集数据采集、审核、汇总、批复和查询为一体的"部门决算审核查询系统"已开发完成，随着它在各级财政部门中的推广应用，决算数据的审核查询和分析使用将会更加方便快捷。

30 年行政事业单位决算的变化如此之大，那时难以想到，这时却都做到了！作为一名老财政，我见证了这一切。30 年中，变化的是设备、是技术、是理念，不变的是一批批财政、财务人以高度的责任心和事业心投身于行政事业单位决算工作，埋首于浩繁的数字之中，乘除加减，默默奉献。他们不在聚光灯下，也少有掌声、多是辛苦，但他们仍一丝不苟全身心地投入决算工作。随着接力棒一次次地传递，行政事业单位决算工作一步步走上新台阶！行政事业单位决算能够也正在为财政精细化管理和提高财政资金使用效益提供有力的支持！

不得不提的是，在30年来行政事业单位决算发生巨大变化的同时，“重预算，轻决算；重分配，轻管理”的问题也如影随形、一路相伴。记得那时写年度财务工作总结，其中总有一条问题是它；如今30年过去，在一些地方和单位年度财务工作总结的问题中仍然可以找到它。让人不由得无奈叹息：预算和决算，本是财政财务人员的两项基本功，如同左手和右手，缺一不可，不应偏颇，可为什么，总是表现出一手硬一手软的病态呢？什么时候，才能实现预算决算两手抓、两手都硬呢？

2010年12月

挖掘“金山”

——谈行政事业单位决算数据的分析利用

有人说，行政事业单位决算是一座“金山”，蕴含着行政事业单位全部的财务会计信息，里面的宝藏取之不尽挖之不绝。遗憾的是，这金山抱玉藏珠，却从不善于包装推销自己，还总爱拿那些密匝匝黑压压的蝇头数字示人，乍一看面孔生冷枯燥无趣，叫人难以亲近；加之“金山”中路径曲折岔道繁多，有人倒是想掘宝，无奈一时半会儿难以摸着道儿。因此，“金山”里的宝藏多尽管多，却少人问津，不是被铁将军封杀于文件柜中默默无闻，就是因寻宝人摸不清山中道路而望山兴叹。

预算和决算，是财政财务部门的两项基础性工作，是财政财务人员的两项基本功。作为一个财政人，能否从行政事业单位决算这座金山中探出路径、挖出宝藏，也是检验其业务水平的一块试金石。当年我在省财政厅行财处工作时，处里有两位老财政，他们虽官小位低，但业务精湛，已达到“一本决算在手，单位财务情况全有”的境界。只要拿到一本行政事业单位的决算，无需任何人介绍，这个单位的预算执行情况、经费宽紧情况、事业发展情况、会计核算情况和财务管理水平等，他们便了然于胸。无论单位怎样将其财务管理情况说得天花乱坠，无论单位怎样反映其经费紧张，在他们的“火眼金睛”面前统统无效，只能一是一、二是二，水落见石出。“桃李不言，下自成蹊”，我非常钦佩他们的业务水平，心悦诚服地跟随他们认真学艺。久之，也慢慢悟出了决算中的一些奥秘，培养起对决算的感情和兴趣，每每拿到一本新鲜出炉的决算，就总想试着从这“金山”里挖出点儿什么来。

行财处几位老同志退休后，凭借从他们那里学来的本事，我和处里一班热情如火的年轻人一起，学中干，干中学，在行政事业单位预、决算管理中摸爬滚打，目光紧盯“金山”，不断试着去开发和挖掘，还真有一些收获。

那时全国文教行政单位决算汇总后，财政部文教司都要下发十多页“分省市文教行政单位决算支出情况表”，对各省财政来说，这是一份非常重要的进行省际间收支情况分析对比的资料。每次收到资料后，我都一页页按栏目人工排查我们省各项行政事业收支在全国的位次，检查应重点保证的支出我们是否在全国前列，应控制压缩的支出我们是否在全国后位，同时，还要重点选择一些地域、财政收入和人口与我们相近的左邻右舍省份进行详细的收支情况对比，从中发现问题，及时向领导反馈信息。

在对1989年决算资料分析时，我发现我们省行政会议费支出位居全国第一，会议费支出占全国30个省市（重庆尚未直辖）会议费支出的9.1%！全国会议费支出比上年增长14.5%，我们省增长27.2%，比全国平均年增长比例高近一倍。全国人均会议费支出231元，我们省人均303元，比全国人均水平高31.1%。行政会议费支出是财政重点控制和压缩的支出项目，我们省经济基础差，财政较困难，国民收入及人均财政收入均低于全国平均水平，而会议费支出却高居全国首位，增长比例大大高于全国平均增长比例和省财政收入增长比例，这实在不能说是正常。经过一番分析，我撰写了《我省行政会议费支出已连续两年居全国首位，压缩会议费支出刻不容缓》一文，以财政部下发的决算资料为依据，阐述了我们省近两年行政会议费开支情况，分析了会议费支出居高不下的原因，同时提出了压缩会议费支出的几条具体建议。文章经厅领导签字同意后报省政府，省政府办公厅很快以《政府快报》（1990年第244期）下发省直各单位及18个地市。在领导高度重视和省市共同努力下，1990年我们省行政会议费支出得到了有效控制。

1992年，是精简机构、转变政府职能改革的前夕，按照厅里的部署，各业务处都忙着根据省精简机构改革方案算账，计算财政对精减分流人员实行三年经费逐年递减的补贴数。但在对1992年度全省行政事业单位决算进行分析时，我却发现，虽已是机构改革在即，省里对控制行政人员增加也有三令五申，但县乡行政人员却比上年有大幅度的增加，甚至高于历年增长水平！明知要精简机构，却又大幅度地增人，这不仅与中央文件精神相悖，而且增加了人员分流的工作量和难度，加大了财政对分流人员的补助支出。为进一步掌握情况，我请处里同志详细列出分地市和分县市行政人员增加情况，在此基础上，撰写了《我省县乡行政人员大幅度增长应引起重视》一文，反映了全省行政事业单位决算中行政人员增加情况，列举了人员增长比例较高的地市和县，指出行政人员大幅度增加对当前精简机构、转变政府职能和深化改革带来的一系列问题，建议要求各地市按照中央文件精神立即采取有效措施，控制行政人员增加。文章经厅领导签字上报后，省政府办公厅以《政府快报》（1993年第194期）下发各地市。随后，我们与人事厅组成两厅联合调查组，选择增人较多的几个县分头下去调研，了解人员增加的原因。我和人事厅行政处陈处长来到了S县，这是个国家级贫困县。通过调研，了解到S县行政人员增加较多的原因是县里擅自批准增设了一些临时机构，增加了一批人。我们向县领导进一步传达了国家对精简机构、压缩人员、控制行政经费过快增长的要求，以及省政府对在机构改革前严格控制行政人员增加的规定，要求他们严格按省政府文件精神办。离开S县，我们又到了F县。回到省里刚上班，S县财政局的干局长就来到了我的办公室。他告诉我，我们离开后，县领导立即组织召开了会议，研究解决临时机构的问题。现在已撤销了增设的临时机构，退回了增加的人员。干局长说："如果你们不去这一趟，县领导决定增设机构增加人员，我们财政很难顶得住。你们真是帮我们县财政卸下了一个大包袱啊！"他一再向我们表达谢意。两年后，在财政厅召开的全省"增收节支经验交流大会"上，我又见到了干局长，这次他是代表S县作为控制行政人员过快增长、节约行政经费支出的先进单位在大会上介绍经验的。

有一年省直单位决算汇总后，我们照例对省直单位人员经费人均支出情况进行了分析。分析表出来后，我发现有几个单位的人均人员经费支出大大高于同类单位。经分管的同志到单位去看账和了解情况，发现这些单位人均支出过高的原因，是违反财务制度规定，擅自用创收收入自立名目给职工发放各种补助。情况摸清后，经报厅领导同意，我们在批复这些单位的决算时，剔除了那些不合理的支出，恢复其经费存款，同时要求单位收回违反规定乱发的补助费。在安排下年度预算时，我们又按其违纪金额相应扣减了该单位的支出预算，要求其从收回款中进行弥补。在省直单位决算布置会上，我们不点名通报了对该项违纪问题的处理结果，警示了其他单位，维护了财经纪律。

多年来摸索着从决算中掘金，也积累了一点心得：财政是个业务性较强的部门，要想进入决算这座“金山”，只喊“芝麻开门”是不行的。目前行政事业单位决算比之以前越来越严格规范，要想从中掘金，首先要了解这座“金山”的架构和体系，才能找到掘金的路径；其次要了解行政事业单位年度预算及各项财务制度，如《行政单位财务规则》《事业单位财务规则》《政府收支分类科目》以及财务制度等，才能掌握打开“金山”宝库的钥匙；再次要了解各种会计制度，现在行政事业单位决算涉及行政、事业、高校、中小学、科研机构、医疗机构、企业、民间非营利组织等11种会计制度，只有了解这些会计制度，才能在“金山”中分门别类按照规则进行挖掘；另外，还要熟悉决算软件的各种功能，掌握决算编报口径、审核公式和审核模板等，这样就掌握了挖掘“金山”的工具，可以放开手脚去挖掘宝藏。

预算—决算—预算，预算管理链条是环环相扣的。决算处于这链条的中间环节，其作用不言自明：它既反映本年度预算执行的结果，又是编制下年度预算的参考和依据。链条的两端虽都是预算，但绝不是同一意义上的预算，后一个预算是参照上年决算改进、优化了的预算，是螺旋式向上发展了的预算。

预算和决算，是财政财务人员的两项基本功，如同左手和右手，缺一不可，不可偏颇。行政事业单位决算数据取自单位的会计账簿，在目前财政部门已实施“账表一致性”核查工作的基础上，决算数据能够比较真实准确地反映出预算执行结果。随着预、决算公开工作的开展，行政事业单位决算这座金山已向社会公众敞开了大门，这既对我们财政人提出了挑战，也给我们的工作提出了新的更高的要求，要求我们财政业务部门的同志人人都能进入决算这座“金山”，都能以愚公挖山不止的精神，深入开展对“金山”的挖掘，充分利用其中丰富宝贵的财务会计信息，完善预算编制，改进和加强财政财务管理，真正实现财政精细化管理，不断提高财政资金的使用效益，向纳税人缴一份令人满意的理财清单。

2011 年 3 月

部门决算不再沉默！

——谈部门决算公开

部门决算就是行政事业单位决算。2011 年 3 月 25 日，在国务院第四次廉政工作会议上，温家宝总理明确要求，大力推进预算决算公开。5 月 4 日，国务院第 153 次常务会议就推进部门决算公开工作进一步明确要求：今年 6 月全国人大常委会审查批准中央决算草案后，98 个中央部门要公开部门决算。——这是新中国成立 62 年来中央部门决算首次向社会公开，是部门决算工作一个重要的里程碑。从此，部门决算不再沉默！

多年以来，部门决算都是沉默的。

部门预、决算支出是财政预、决算支出的主要组成部分，约占财政预、决算支出的80%左右。预算和决算，是财政、财务部门两项基础性工作。预算是年度收支计划，决算是年度终了收支计划实际执行结果。没有预算，就没有决算；没有决算，便不知预算执行的结果。预算和决算，难分伯仲，同等重要。但在现实工作中，它们的境遇却很不相同。

预算像个高傲的公主，总被打扮得花团锦簇，高调站在聚光灯下，人大审，代表评，众目睽睽，群星捧月，社会关注度极高。决算则像个灶下婢，虽抱玉藏珠，却总悄没声儿地窝在灯火阑珊处辛苦忙碌，少人搭理。固然各级财政、财务部门年年都要像模像样地对决算进行布置培训、审核汇总，没少费人力、物力和财力，但结果都不外乎是将决算往档案柜里一锁，任其尘封蠹生，成为有它不多没它不少的历史档案资料。

2000年以前，在财政部门内设机构调整前，行政事业单位决算的地位似乎还不致如此落拓。那时，管理财政支出的主要业务处是行财处和农财处，每位工作人员都是预算、决算双肩挑，既要审核、批复分管部门的预算，也要审核、批复分管部门的决算，预算决算不分离。审核单位决算时，要以单位预算为依据，检查单位预算编制的合理性和各项预算指标的执行情况；核定单位预算时，又要参照单位上年决算收支情况，审核确定其收支预算。同时，通过批复单位决算，剔除年度预算执行中不合理的开支，提出规范会计核算和加强财务管理的意见，有效促进并加强了单位财务管理。2000 年财政部门内设机构调整后，业务机构管预算，统计评价机构管决算，预算决算两分家。相当多的省、市、县财政部门延续多年对行政事业单位批复决算的职能也就此终止。财政部门批复单位决算，是预算法赋予财政部门的一项重要职责，是对单位一年来预算执行结果审核后的认可；不批复单位决算，就意味着预算下达后单位可以随意执行而财政都默认。这是财政职能的严重缺位！2003 年，财政部门撤销统计评价机构，由国库机构接手部门决算（为对应部门预算，此后行政事业单位决算改称为部门决算）。国库机构接手部门决算工作后，虽经全力规范部门决算编审流程，落实业务机构审核决算的责任，强调财政履行决算批复的职责，加强对部门决算的分析利用，努力恢复部门决算在财政财务管理中的地位，但多年过去，至今，业务机构审核决算的工作仍显薄弱，少数省级、相当一部分市、县财政仍未开展对部门决算的批复，除少数地方对部门决算的分析利用有些成效外，大多数地方只是浅尝辄止。部门决算在财政财务管理中的作用未能有效发挥。

预算和决算，本是财政、财务人员的两项基本功，缺一不可，但目前一些财政财务部门的同志不重视决算，不会审核决算，也不会分析决算，甚至看不懂决算。没谁认为这是个什么缺憾。人们更多操心的是预算，紧盯着预算资金的分配，争资金争盘子，关心自己那块蛋糕切的大小轻重厚薄以及是否均匀。如果是单位财务部门，这尚有情可原，毕竟，摘到篮里才是菜，有了资金才能办事，有部门利益的存在。但作为财政部门，这样就叫人难以理解了。财政是政府理财的职能部门，管理的是亿万纳税人的钱，最重要的任务就是要重管理，讲效益，让资金发挥出最大的效益；同时，财政部门的管理水平直接影响着部门财务的管理水平，如同风向标和导航仪，为部门财务管理起着导向效应和示范效应，更不应是重预算、轻决算，重分配、轻管理。

面对部门决算工作现状，常让人对决算工作的弱化和其在财政财务管理中作用的缺失感到痛心，不由生出一些感慨：若说有只管播种不问收获的耕耘者，人们可能会认为他有病；若说有只管投资不计成本和收益的企业家，人们会认为他脑子进水了；但对只重预算不问决算、只管分钱不管花钱效果的财政、财务人，人们却习以为常，处之泰然！

部门决算不该是沉默的。

部门决算反映了国家财政资金的支出去向和具体用途，关系着广大群众的切身利益，它不该沉默。部门决算反映了年度部门预算执行的结果，通过它可以检查单位预算编制是否科学合理，各项预算收支是否执行到位，会计核算是否规范，财务制度执行是否严格，从而为改进预算编制、加强预算执行监督和财务管理提供参考和依据，它不该沉默。部门决算的数据来自单位会计账簿，真实而准确，反映出单位年度全部财务收支活动和会计核算信息，是了解单位资金投入、资金使用、财务管理和会计核算等情况最有说服力的资料，它不该沉默。部门决算每年从中央到地方自上而下层层布置培训，又从地方到中央自下而上层层审核汇总，时间长达半年以上，凝聚着上百万财政财务人员的工作和心血，集中而清晰地反映出全国以及各级各类行政事业单位财务收支、资产负债、机构人员和事业发展的全貌和发展趋势，它不该沉默!

随着部门决算的公开，部门决算从尘封的档案柜中走了出来，和预算一起，站到了聚光灯下。一个是年初计划，一个是年末计划执行结果，二者比肩而立，相互打量，美丑胖瘦，是否匹配?任由人大评议，接受公众监督。部门决算不再沉默!

部门决算公开是由政府的性质决定的。我们的政府是为人民服务的政府，政府所做的每一件工作，都是为民造福，为民谋利，因此，开诚布公地向人民群众公开为民造福的账本，只会得到群众更多的理解和支持。

部门决算公开是由公共财政的性质决定的。财政资金取之于民，用之于民，其使用结果也理应告之于民。决算公开是公共财政的本质要求。财政资金来自亿万纳税人，谁花财政资金，谁就应该向纳税人报账，纳税人有权了解自己的钱政府是怎么花的。国务院要求财政预、决算公开，就是要保障公民的知情权、参与权和监督权。

部门决算公开也给财政、财务人员以及部门决算工作提出了新的更高要求。要求将决算公开工作与加强单位会计核算和财务管理等基础工作结合起来，夯实单位会计核算基础，加强会计账簿和决算报表“账表一致性”核查，保证决算公开数据的真实性和准确性，实事求是，取信于民；要求财政财务部门建立健全决算编制、决算审核和决算批复工作机制，加强部门决算与部门预算差异情况的对比分析，提高预算到位率和预算约束力，接受社会公众的监督。

部门决算公开毕竟是新中国成立以来头一次，不可能起步就迈出标准完美的步伐，无论是财政、财务人员还是社会公众，对部门决算公开的意义和作用，都有一个逐步认识、理解和深化的过程，对决算公开的内容和方法有一个完善和规范的过程，对决算公开后的评议和监督也有一个不断熟悉、掌握和提高的过程。

从财政、财务部门的同志来讲，要深刻认识财政资金的性质和自己的身份地位，提高对部门决算公开工作意义、作用的认识和理解，提高决算公开的主动性。长期以来，由于部门决算不公开，致使一些财政、财务人和部门领导产生一种错觉，把国家的钱当成部门的钱，将人民授予的权变成部门的权，习惯于花纳税人的钱而不向纳税人报账。而今一旦要求部门决算公开，将自己的账本、家底全部公之于众，不太适应。于是，一些部门能不公开决算就不公开；公开的内容能粗不细，能糊涂的不清楚；公开的时间也是左顾右盼能拖则拖，拖到最后，不了了之。

说到底，财政资金来自全体纳税人。各级财政、财务部门只是“理财人”，其身份地位是为民管账理财的“管家”。而全体纳税人则是“东家”。“管家”理应大大方方如实详尽毫无保留地向“东家”报账，告知资金的支出去向和具体用途，对“东家”不满意的地方，尽快采取措施予以调整和改进，取得东家的理解、认可和支持。若向“东家”报账吞吞吐吐、扭扭捏捏、遮遮掩掩，犹抱琵琶半遮面；报的账粗粗拉拉、不清不楚，让“东家”看不懂闹不明，这怎么能说是一名称职的“管家”？又有哪个家庭愿意使用这样的管家？

从社会公众来说，监督政府管理好纳税人上缴的税收，使纳税人的钱花得合理，花得得当，该保证的保证，该压缩的压缩，减少损失和浪费，让资金发挥出最大的效益，从而推动社会快速发展，使全体公众在经济发展和财政收入快速增长中最大限度的受益，这是公民应有的权益。随着部门决算公开，公众第一次看到了各中央部门年度实际支出的信息，但由于不掌握“政府收支分类科目”和各个科目核算的内容，很难看懂其中的名堂；对一些公开数字的真实性虽有质疑，却难以提出有针对性的意见；在关注“三公经费”“行政经费”等重点、热点支出的同时，忽略了对全盘支出情况的把握，毕竟，94 亿“三公经费”支出只是中央部门 13000 多亿支出的冰山一角。随着部门决算公开工作的推进和逐步规范，一方面，财政财务部门要尽可能将决算公开的报表和内容设计得简单明了、通俗易懂、贴近公众；另一方面，作为财政资金“东家”身份和资金使用效果监督者身份的社会公众，也可适当了解和掌握一些财政、财务以及决算业务知识，提高对部门决算评议和监督的水平。只有对部门决算看得明白看得懂，评议切中要害，监督切实到位，才能当一个高水平的“东家”，实现对“管家”理财行为的规范、约束和监督，促使财政资金使用效益不断提高，达到政府信息公开的目的和效用。

2011 年 11 月

耕耘决算

管理的首要目标是缩小预决算差异

一套新鲜出炉的部门决算资料送到了李小丁手上。她放下案头的工作，一页页认真翻看。8 开本大的一套资料，共两册，500 多页，每页 300 多个单元格，每格以万元为单位的数字多达 6 ~ 7 位数，扫一眼，满纸全是密密麻麻的蝇头数字，看着就叫人眼晕。但李小丁从不眼晕。那些数字对她来说，很有一种亲近感，黑黑的小蝇头对她十分友好，总是争先恐后地想要告诉她点儿什么。小丁当然是来者不拒，迅速接收它们传递来的信息。

“部门预、决算收入的差异仍在20%左右，这个比例还是不低呀”，小丁心说。以前预、决算收入的差异率更高，这几年小丁他们通过决算分析反复提出此问题后引起了一定重视，治理也见成效，但差异还是不小，有些部门的差异甚至在继续扩大。再往下看，预、决算收入差异最大的部分是“事业收入”，差异率达到30%多；“其他收入”紧随其后，差异率也比较高。

为进一步摸清情况，小丁安排处里同志将本级各部门的预、决算差异率从高到低进行排序。有计算机这个好帮手，无论想怎么分析和组合数据，都易如反掌。

排序结果出来了，小丁发现，有一些部门的“事业收入”和“其他收入”，决算比年初预算增幅高40%~50%。

顺藤摸瓜，小丁他们分头向差异率居前几位的部门了解情况，分析产生预、决算差异的原因。了解到的共性原因是：在事业收入方面，一些部门为多争取财政资金或对收入预测不准，年初未将或少将事业收入列入预算。最典型的一些部门，年初预算事业收入仅列几十万、几百万元，年末决算却冒出了几千万的事业收入。在其他收入方面，一些部门年初未将或少将非本级财政拨款和本级横向财政拨款列入预算，而年末这两项拨款相当于部门当年财政拨款收入的10%左右。

针对上述问题，小丁他们提出了进一步改进预算编制的建议，建议采取有效措施，提高预算编制的完整性和准确性：

一是按照新《预算法》第三十六条“各级政府、各部门、各单位应当依照本法规定，将所有政府收入全部列入预算，不得隐瞒、少列”的规定，指导部门根据上年“事业收入”和“其他收入”实际完成情况，将收入科学合理足额编入下年度预算；对于一些部门提出这两项收入不固定、预测不准确、年初难以全部列入预算的问题，小丁提出：可以按前三年收入平均数或是参考三年事业收入和其他收入平均增长比例预测列入预算。对于部门和单位未列入年初预算的收入，按照新《预算法》第十三条“各级政府、各部门、各单位的支出必须以经批准的预算为依据，未列入预算的不得支出”的规定，部门超预算的收入当年不得支出，只能列入下年度预算；同时，研究建立预算编制准确性、合理性的考核机制，将预、决算差异情况纳入部门预算考核指标。

二是认真落实财政部门预算编制指南的相关要求。部门预算收入，必须是依法取得的收入。应对非本级财政拨款进行清理，理顺经费渠道，实现全面规范管理。要本着财权与事权相匹配的原则，对于应由本级财政保障的相关支出，在财力许可的情况下予以适当安排，减少或不再允许本级部门取得非本级财政拨款。

三是改进横向财政拨款分配办法，将资金尽早落实到具体用款单位或编入部门年初预算，强化预算约束力，减少年中追加预算。

小丁认为，预、决算收支差异情况，是反映预算编制是否科学合理、准确的重要考核指标，应给予高度重视。自 2000 年以来，经过 10 多年来部门预算改革不断推进，预算编制工作日趋规范化、制度化和科学化，与公共财政框架相适应的新的财政预算编制框架体系和运行机制已初步建立。但值得关注的是：越是编制的科学合理的预算，越要强调其对执行的约束力。因为只有严格地按照预算执行，才能真正发挥其效用。如果决算收支与预算收支出现较大差异，不仅会削弱预算的计划性和严肃性，其科学合理也将大打折扣。就好比，大家经过大半年的忙活，又是梳妆打扮又是上下拾掇，把个姑娘打扮得天仙似的，又经过层层审看众人皆满意，高高兴兴送她上了轿，可年末到了终点撩开盖头一看，天仙已不是先前那副模样！

多少年来，“重预算、轻决算，重分配、轻管理”的问题在一些地方和部门如影随形、顽症难医。一次，小丁和几个搞预算的朋友聊起这事，不失时机地又宣传了一番预算、决算相互反映、相互促进的密切关系。朋友认真听后却无可奈何地告诉她：“管预算的确实是应当多关注决算。可我们实在是太忙了，哪有时间研究决算呀。”小丁听了，心里说不清是种什么滋味。是啊，小丁也知道，搞预算的确实很忙。但这并不意味着预算一经下达，就万事大吉，如同嫁出去的女儿泼出去的水。这可不行！嫡亲的家长，必定会循着女儿出门的足迹，一路跟随着、护卫着，直到看见其真正美满幸福，才算放心。

小丁了解到，为解决“搞预算的没时间研究决算，但有改进预算管理的手段；搞决算的有时间研究决算，但没改进预算管理的手段”的问题，一些省市财政部门已建立起预、决算联席会议制度。每年决算审核汇总后，预算、决算和分管业务处一起坐下来，对比预算看决算，分析预、决算差异及产生差异的原因，研究决算审核中发现的财政财务管理问题，有针对性地制定改进预算编制和预算执行管理的办法和措施。由于强调问题导向，对症下药、有的放矢，成效自然也是立竿见影。

曾有一些部门的财务人员向小丁请教决算分析的方法和经验，小丁毫不犹豫地告诉他们：最简单、最有效的办法就是紧紧盯住预、决算差异！要一个个科目对比分析，一个个项目对比分析，一个个单位对比分析，然后寻着差异找原因，针对原因提出改进财政财务管理的办法。能这样去做，就都有了。

小丁期盼，什么时候，能将部门预、决算差异情况作为考核部门财务管理水平的一个基本指标就好了！只有强化了预算约束力，科学合理的预算才能真正发挥其作用。

2014 年 8 月 31 日，全国人大常委会修改颁布了《中华人民共和国预算法》，这是各级政府、各部门、各单位编制预算、执行预算、审查批准决算的法律依据。10 月 23 日，党的十八届四中全会做出《关于全面推进依法治国若干重大问题的决定》，习近平总书记在决定“说明”中指出：“法律的生命力在于实施，法律的权威也在于实施。”随着新《预算法》的贯彻执行，李小丁相信，各级各部门的预、决算管理必将会出现一个新的局面。

2010 年 8 月，在河北参加全国部门决算
座谈会的决算处全体成员

财务组织架构怎能是群雄争霸

每年在决算会审会上遇到刘处长，小丁总少见她有开心的时候，这不，他们部门的决算又被审出了问题，刘处长无法按照审核人员的要求进行调整和说明，又被审核人员引领着请到了小丁这里，让小丁给评判评判。

审核人理直气壮地向小丁反映刘处长他们部门决算中审出的问题和需要补充说明的一堆事项。刘处长无力地做着解释和辩白，并一再说明这事儿他们财务机构真的是不清楚，实在难以再做补充和说明。看着审核人对小丁直摇头，一向工作认真、为人实在的刘处长再也忍无可忍，不由对着小丁大倒苦水：

“在我们部门，财务机构就只管单位基本支出那么点儿经费，大部分项目经费都在各业务机构。每个业务机构都管有大笔项目经费，他们向上面报预算、追加预算都不经过我们，直接向上汇报，我们什么情况也不掌握，怎么管？报决算倒都让我们来报，那么多情况和问题，这需要说明那需要补充，我们财务机构怎么能说得清！”

小丁听了十分诧异：“你们怎么到现在还没有统管财务？早几年不就给你们提出这个问题了嘛？”

“提了又有什么用！在我们部门，财务机构一直没能统管财务，项目经费都由各业务机构分管，分管业务机构的各位领导都能管财务。财政实行‘一个部门一本预算’后，我们财务机构的领导倒是想借此东风实行财务统管，但阻力太大，根本行不通。所以我们部门的财务就一直是这样分散管。去要钱的不是财务机构，要来的钱我们财务也管不着。业务机构要来了钱，当然是财大气粗、自认为本事大，根本不搭理财务机构。”

小丁听后不再言语。这的确是上面的问题，不是刘处长他们所能左右的。问题的根源：一是部门领导不重视财务，导致财务不统一，各业务机构都管经费，群雄争霸、各行其是，财务管理一盘散沙；二是财政部门的管理也不够规范，如果只认准部门的财务机构，凡是非财务机构单独来报预算和追加预算概不受理，那部门财务还会有群雄产生吗？如有财政部门的撑腰和支持，部门财务自然就有底气，财务管理也不可能是一盘散沙了。

决算会审结束后回到单位，李小丁立即联系分管该部门的业务机构分管领导，反映该部门的问题。谁知分管领导听后很无奈地告诉小丁，他们早就知道这个问题，也曾多次与该部门沟通，但一直没能解决，主要原因是该部门长期以来一直都是这样管理财务，早已形成了一个定式，甚至他们还将业务机构管项目经费列入了部门的“三定方案”！而“三定方案”都已通过了上级批准，自然是理直气壮、有据可依，我们同级财政部门能有什么办法？

小丁只能在心中叹息，这事还真有点难办！但她不明白，绝大多数部门的“三定方案”都是财务统管，怎么少数部门的“三定方案”财务就不统管呢？

科学合理的财务组织架构，是部门合理编制预算、严格执行预算、保证资金高效使用的重要基础和保证。《行政单位财务规则》第五条明确规定：“行政单位的财务活动在单位负责人领导下，由财务部门统一管理。”对一个部门来说，好的财务组织架构首先应当是统一的，能够将部门中用钱的业务机构、管钱的财务机构、资金监管机构和领导层有效连接起来。比如建立一套集部门预算编制、预算执行、内部控制、决算汇总以及绩效评价为一体的财务管理信息系统，将部门内各相关机构紧密相连，使资金的流动犹如一条小河，河水清澈见底，水中的鱼虾、水草一览无余，水的流向、流量和速度，一切都在光天化日之下，人人都可以是财务监督员，这样才能保证财政资金的有效使用。部门的资金流不能像一条下水道，深入地下，上面又盖着厚厚的石板，人们只能听见水哗哗，不见水流动，更不知道水的流速、流量和流向，那是不行的。

2014 年 10 月，财政部发布了《关于全面推进管理会计体系建设的指导意见》，指出了全面推进管理会计体系建设的重要性和紧迫性。管理会计是从传统会计中分离出来，与财务会计并列的一个会计分支，主要服务于单位内部管理需要，以服务“管理者”为根本。管理会计的职能作用，从财务会计单纯的记账、算账和报账扩展到解析过去、控制现在与筹划未来的有机结合，通过利用相关信息，有机融合财务与业务活动，在单位规划、决策、控制和评价等方面发挥重要作用。加快管理会计发展，有助于提升企业经济效益和价值创造力，有助于提升政府部门资源利用效率和管理效能。

按照目前管理会计理论，设计合理、运行有效的行政事业单位财务组织架构应包括以下内容：一是财务机构科学合理的内部设置，主要包括岗位设置、财务会计和管理会计人员的配比和职责、业务流程和协作、财务制度制定、行之有效的监督管理等，达到分工明确、权责清晰，相互制约，便于监督、考核和追责。二是即时、透明的财务信息共享系统，包括预算编制方法和编制过程，预算执行实时监控过程，决算审核汇总和分析评价等。实现财务机构、业务机构、领导决策机构对财务信息的即时掌握和有效衔接，实现财务会计信息与业务信息的融会贯通。所有收入来源和资金使用、支出进度和资金流向在系统的权限内公开透明，便于监管，能够考评。三是公开透明、激励性的年度绩效评价。根据年度收支预算，检查年末收支决算；分析预、决算差异情况和出现差异的原因；结合部门和内设机构业务发展计划，对各项财务指标完成情况进行绩效考评，评价资金使用效益；将绩效考评结果及时通报给领导层和各业务机构，落实激励性奖惩措施。——而做好这一切的前提是：单位要有一个统一的、强有力的财务管理机构。

古人讲“术业有专攻”。财务机构作为财务会计核算的专职机构，配备的是专业财会人员，每年还接受财政部门有关预算编制、预算执行和监督、决算审核与分析评价、财务管理和会计核算等方面的专业培训，是专职的理财机构。正如没有专业技术和统一纪律的队伍无法打胜仗一样，财务管理也必须靠具备专业知识的正规军。一盘散沙式、群龙无首式、群雄争霸式的财务组织架构，是无法保证部门资金使用效益的。

2013 年 4 月，2012 年度中央部门决算会审会现场

严格控制人员超编，是保证预算执行的基础

吃过午饭，李小丁抓紧时间靠在办公室沙发上小

憩。她随手拉过一张报纸翻看，一条消息引起了她的注意：“根据国家公务员局上周公布的数据，截至2012年底，全国公务员总数为708.9万人。”这不是与我们部门决算统计的行政单位人员有关数据嘛！小丁想，“不知我们决算中的相关人员是不是这个数?”想着，小丁一骨碌爬起来，从文件柜里找出决算资料，翻看全国行政单位人数到底是多少。这一查让小丁吃了一惊，部门决算中的行政单位年末实有人数超过国家公务员局的数字不少！决算中也填报有行政编制数，小丁将年末实有人数与决算中的行政编制人数相比，却并不超编。这可怪了，行政单位的公务员编制到底是多少？究竟是超编还是不超编？

为搞清情况，下午一上班，小丁就给单位相关业务机构的徐处长打电话，请他协调有关部门，提供本级分部门、地方分省市的行政、参公管理事业单位编制人数，以便对照核查决算人员超编情况。

很快，有关部门提供了截至2012年12月底行政和参公管理事业单位编制及在职职工人数。根据这个资料，小丁他们又结合部门决算中的年末实有在职职工人数制作出分析表，对2012年度部门决算本级分部门、地方分省市行政和参公管理事业单位年末人员情况进行对比分析。结果发现，本级行政和参公总人数均不超编，有少数几个部门超编，小丁他们随即一一进行了核实，摸清了情况。地方省市行政和参公管理事业单位人员超编较多，有一些省市超编比例甚至在两位数以上。另外，行政和参公管理事业单位还使用有相当数量的编制外用工。

问题不容忽视，李小丁立即将部门决算中反映出的人员超编情况向领导做了详细汇报。经请示领导同意，小丁他们向超编较多的省市财政部门下发了通知，要求认真核实行政和参公管理人员超编情况，分析超编原因，限时书面反馈。随后，小丁又带队先后到部分省市进行调研，实地座谈了解省、市、县行政和参公管理事业单位人员超编情况和原因。

从事行政事业单位财务管理工作多年，小丁深知，人、车、会、话几项支出，一直是财政支出管理中的老大难，不仅支出规模大，而且增长速度快，很难控制。而今，住宅电话早已按照“实物分配货币化”改革与财政支出划清了界限，彻底解决了问题；随着中央八项规定的落实，行政会议费支出也得到了有效控制；公车管理改革办法已出台，公车已开始进行大批量的拍卖；现在，就剩下如何加强人员编制管理这个问题了。

改革开放以来，国家几次进行了机构改革，精兵简政、压缩机构和人员，但减机构、减编制容易，减财政供给人员难。有些机构在撤销多年后，人员仍由财政拨款供养；有的单位老超编问题未解决，源源不断的进人又造成新的超编。一般来讲，社会人员流动的规律是：越是经济欠发达的地方，人员越是向行政事业单位流动。一些经济欠发达的县市，人员超编问题更为突出，财政资金主要用于保发工资而成了吃饭财政，行政事业单位办事的钱也成了养人的钱。

人员超编给财政支出管理带来了一系列的问题。首先，它完全打乱了预算的执行，使编制的科学合理的预算在执行中完全走样。财政预算实行定员定额管理，超编人员不安排经费。对超编人员的支出，单位只能在批准的预算中挤占挪用。由此导致：超编人员的工资津补贴等挤占单位公用经费，公用经费被挤占无法满足工作需要又会挤占项目经费。预算执行中，人员超编就像是多米诺骨牌中倒下的第一张，带来的是一系列连锁反应。其次，项目经费被挤占挪用，严重影响资金使用效益。分析部门决算时，小丁经常发现一般公共预算财政拨款的项目经费有被挤占挪用的情况，比如，支出经济分类中的“商品和服务支出”、各类“其他××支出”占比重过高；一些不应当在项目支出中出现的基本工资、离退休费、住房公积金、购房补贴等也都在项目支出中列支，等等。再是，一些单位因人员超编经费不足，乱收费、乱摊派，造成不良影响。而且，能超编进入行政事业单位的人员多非等闲之辈，不仅在单位群众中有反映，社会负面反映也较多。

不仅在职职工超编，一些行政和参公事业单位对雇用临时人员随意性也较大。调研中小丁就发现，一个编制不足 30 人的小单位，竟自行雇用了 10 名临时工，有做饭的，有保洁的，有当保安的，还有专门负责职工业余活动的球类教练！不仅供养这些人员的经费来源不规范，而且，按照《中华人民共和国劳动合同法》规定，劳动者在用人单位连续工作满十年或连续订立二次固定劳动合同，用人单位就应当与其订立无固定期限劳动合同。据此，行政事业单位自行雇用临时工，会给单位带来人员管理和经费保障方面的巨大隐患。

根据各省市书面反馈材料和实地调研了解的情况，小丁认真进行了汇总和分析，认为，地方省市行政和参公管理人员超编除了历次机构改革遗留问题、政策性人员安置和人员统计口径等一些共性原因外，最主要的问题是：一些地方和单位“依法行政”观念不强，对人员编制刚性约束认识不够，执行不力。

2007 年，国务院颁布的《地方各级人民政府机构设置和编制管理条例》（以下简称《编制管理条例》）明确规定：“地方各级人民政府的行政编制总额，由省、自治区、直辖市人民政府提出，经国务院机构编制管理机关审核后，报国务院批准。”但在执行中，一些地方政府在国家批准的行政编制总额之外，自行研究决定增加行政编制，超编制安排人员，使下级部门难以抵挡。《编制管理条例》第六条规定："依照国家规定的程序设置的机构和核定的编制，是录用、聘用、调配工作人员、配备领导成员和核拨经费的依据。县级以上各级人民政府应当建立机构编制、人员工资与财政预算相互制约的机制，在设置机构、核定编制时，应当充分考虑财政的供养能力。机构实有人员不得突破规定的编制。禁止擅自设置机构和增加编制。对擅自设置机构和增加编制的，不得核拨财政资金或者挪用其他资金安排其经费。"但在执行中，相关部门落实编制管理相互制约的机制不到位，未能形成有效的编制管理防火墙；一些本是控制编制的部门顶不住压力不断批准超编；一些本应按照编制核定经费的部门对批准超编和口头认可的超编人员的经费不得不供。《编制管理条例》在"法律责任"一章中规定："有下列行为之一的，由机构编制管理机关给予通报批评，并责令限期改正；情节严重的，对直接负责的主管人员和其他直接责任人员，依法给予处分：……（三）擅自增加编制或者改变编制使用范围的；（四）超出编制限额调配财政供养人员、为超编人员核拨财政资金或者挪用其他资金安排其经费、以虚报人员等方式占用编制并冒用财政资金的；（五）擅自超职数、超规格配备领导成员的……”但在执行中，由于对一些应承担法律责任的行为很少“动真格的”，导致法无威力，甚至有一些行政事业单位在人员超编后竟自行调增编制填报决算数据；一些地方违反《公务员法》自行出台政策，要求干部在退休年龄前3～5年提前离岗，不占编制不办退休仍算在职职工，腾出编制另行进人；等等。

对于为什么有关部门统计的各省市编制和实有在职人数基本相符，而财政部门决算反映的实有在职人数却超编不少的问题，究其原因是：地方省市向有关部门报人数，是报执行编制的政绩，自然是以不超编为好；而向财政部门报人数，是申请经费，当然只能据实不能少报。由此更证明了在有关部门之间建立编制管理相互制约机制的重要性。只有实现了下达编制的与执行编制的、管人的与管钱的部门密切配合，加强沟通，联手合力，才能准确掌握人员真实情况，实施有效管理。

在与有关部门就人员超编问题联系和沟通的过程中，小丁了解到，这几年，编制管理部门一直在推行编制实名制管理，并已将此写入相关文件中。所谓编制实名制，就是将编制与在职人员直接挂钩，一个萝卜一个坑，一个编制一名工作人员。这样，使编内、编外人员身份明晰，可以严格按照编制控制编内人员，同时随着人员退休逐步消化超编人员。不像目前，很多单位都是编制无名制，10 个编制可能要对应十几个在职人员，一锅粥，不知道谁是编内、谁是编外，谁也说不清，也许走后门进来的成了编内，正规招考进来的倒成了编外，来个鸠占鹊巢也未可知。根据有关部门提供的编制实名制推行比较好的地方省市名单，小丁对照查看了一下这几个省市的决算年末在职人员情况，竟基本上都不超编！编制实名制——还真是一个行之有效的好办法！结合本职业务，小丁认为，如果能将编制实名制再与财政统发工资的名单结合起来，使编制、在职人员、财政统发工资名单三者严格统一，那么，编制管理这道防火墙就会更加严密牢固、无懈可击。

为确保本届政府提出的“财政供养人员只减不增”目标的落实，加强机构和人员编制管理，小丁他们在撰写的调查报告中建议：一是进行一次全面清理。编制是刚性约束，必须严格遵守。各地要按照中央相关文件要求，对现有各级财政供给人员、行政和参公超编人员以及行政事业单位编制外用工进行一次全面清理，摸清情况，规范管理。严格执行《编制管理条例》，采取切实有效措施，确保财政供养人员只减不增。二是加强有关部门的协调配合。尽快推行编制实名制管理，将编制、在职人员和财政统发工资名单严格统一起来，进入财政工资统发系统的人员必须与实名制编制相对应；同时对已进入工资统发系统的人员进行认真清理。有关部门要运用技术手段联网监控，严格控制人员超编。三是推行政府购买服务，用改革的办法解决行政和参公单位编制外用工。要按照国务院办公厅《关于政府向社会力量购买服务的指导意见》，通过向社会力量购买服务的方式解决所需要的用工和服务。等等。

2014年10月，党的十八届四中全会通过了《中共中央关于全面推进依法治国若干重大问题的决定》。该决定指出：全面推进依法治国，总目标是建设社会主义法治体系，建设社会主义法治国家。习近平总书记在决定说明中指出：“‘天下之事，不难于立法，而难于法之必行。’全面推进依法治国的重点应该是

2013年9月，在黑龙江省召开部门决算座谈会
和我一起搞决算时间最长的决算处两个助手

保证法律严格实施，做到‘法立，有犯而必施，令出，唯行而不返。’”随着依法治国、依法执政、依法行政共同推进，法治国家、法治政府、法治社会一体建设；随着《预算法》《编制管理条例》等的严格执行，部门预算和行政事业单位人员编制管理也会进一步规范化、法治化，财政资金使用效益也将会得到有效提升。

不能脚踩两只船

决算会审中常常发现，有一些行政单位，多年来同时使用行政和事业两种会计制度。通常的情况是：部门办公厅（室）使用行政单位会计制度核算机关本身的经费收支；财务司（处）使用事业单位会计制度核算其管理的财政拨款项目经费、附属单位缴款等非财政性资金。对年末非财政性资金结余，财务司（处）还按照事业单位会计制度进行结余分配，建立起规模不小的事业基金和专用基金。有些财务司（处）还自行购置和管理固定资产，如车辆、笔记本电脑、计算机、打印机、复印机，等等；有的财务司

（处）年末还专门编报一套决算报表，与单位行政经费决算并行上报。

李小丁他们认为，一个行政单位，同时使用行政和事业两种会计制度，很不规范。

一是不符合相关财务制度规定。现行《行政单位财务规则》和《行政单位会计制度》都明确规定：本规则、本制度适用于各级各类国家机关、政党组织（统称为行政单位）的财务活动。行政单位和事业单位，是性质不同的两类单位，单位应依据其性质，执行《行政单位会计制度》或《事业单位会计制度》，不能同时执行两种会计制度，脚踩两只船。行政单位中的财务司（处），本是单位的内设机构，不应独立于单位统一财务之外另设会计账和资产账，也不应违反《行政单位会计制度》规定对年末结余资金进行结余分配，违规建立“事业基金”和“专用基金”。

二是容易造成财政拨款项目经费被挤占挪用。有些行政单位，每当预算安排的基本支出经费紧张，会议费、差旅费、商品和服务支出等公用经费不足，人员经费或医疗费出现缺口时，单位行政财务就会找到财务司（处）请求支援，要求从财务司（处）管理的项目经费或滚存的“事业基金”“专用基金”结余中调剂使用。财务司（处）管理的那部分经费就像是“唐僧肉”，哪里需要都可以去切一块。一般来说，部门办公厅（室）行政财务管理的经费与财务司（处）管理的经费相比，犹如小巫见大巫，行政单位花钱能脚踩两只船，实在是优哉游哉，远非一般行政单位所能比。

三是财务司（处）自行购置的固定资产游离于单位资产管理之外，易造成公物私用，资产流失，管理失控。

四是行政单位内设机构财务司（处）设立“事业基金”和“专用基金”，既不符合《行政单位会计制度》规定，而且其使用范围缺少制度规范，监管也成问题。另外，滚存结余的“事业基金”和“专用基金”游离于部门财务管理之外，沉淀结存，不能有效地发挥资金使用效益。

为规范行政单位执行会计制度和统一财务管理问题，李小丁他们没少下功夫。年年决算培训都要专门强调这个问题，明确规定行政单位不能同时执行两种会计制度，财务司（处）不能编制单户决算报表，必须合并汇入单位统一决算报表中；行政单位财务司（处）年末经费结余不能进行结余分配，不能设立事业基金和专用基金；固定资产应由单位资产管理部门统一建账统一管理等。决算会审时还专门对此进行审核。但数年过去，仍有相当一批单位未予纠正。

2012 年前后，财政部门为修订《行政单位会计制度》广泛征求意见时，根据一些行政单位的反映，李小丁他们曾建议是否应在行政单位会计制度中增加“附属单位上缴收入”和“对附属单位补助支出”等会计科目，以满足行政单位财务司（处）会计核算的需要。但意见未被采纳。这就是说，从会计制度的会计科目设置上讲，没有赋予行政单位内设机构财务司（处）集中所属事业单位资金和调剂分配所集中资金的职能。财务司（处）不应当自行使用事业单位会计制度中的“附属单位上缴收入”和“对附属单位补助支出”等会计科目进行核算。

要解决行政单位脚踩两只船、执行两种会计制度的问题：首先，财政部门应进一步规范预算管理。要科学合理安排行政单位基本支出，同时加强财政监督检查，按照新《预算法》第六十三条“各部门、各单位应当加强对预算收入和支出的管理……不得擅自改变预算支出的用途”的规定，不允许以基本支出挤占挪用项目经费。其次，应尽快明确对行政单位财务司（处）历年滚存结余的“事业基金”和“专用基金”处置办法，将其全部收归行政账户作为结余资金管理；对财务司（处）自行购置的各种资产要全部纳入单位资产账统一管理。最后，各行政单位应严格按照《行政单位财务规则》和《行政单位会计制度》规定，规范单位会计核算和财务管理。

脚踩两只船，看似风光占尽，其实有很大的财务风险。

“其他”何其多

部门决算中，各种“其他”可真是不少。

“其他”有各种类别。政府收支分类科目中，“类”级科目有其他收入、其他支出等，“款”级科目就更多了。部门决算中使用的10个支出经济分类的“类”级支出科目中，除2类支出无“其他”，另外8类支出中有11个款级的“其他××支出”科目。

有“其他”并不奇怪，毕竟，在具体的会计核算工作中，总是会有一些难以明晰地归入各科目中的收支。但问题是，“其他”收支——这些原本作为后备收底儿和补充反映的科目，现在却堂而皇之地占据了本类科目的大片江山！小丁看到，在本级部门决算中，一些部门的项目支出中，支出经济分类各款“其他××支出”合计，占项目总支出的50%~70%，在基本支出中，一些部门的“其他商品和服务支出”占“商品和服务支出”的30%以上。这就好比，在影剧院里，中间正席上坐的人稀稀落落，而边边角角侧席上甚至过道上却人满为患！

众多的“其他”收支，不仅数额大，增长比例高，而且内容含糊，不清不楚。为了搞清各种“其他收入”和“其他××支出”中的名堂，规范部门和单位对政府收支科目的使用和会计核算，正确归集和反映行政事业单位各项收支，小丁他们年年都盯着各种“其他”，真没少下功夫。

在部门决算培训时，小丁多次强调，要规范政府收支科目的使用，收入和支出，该列哪个科目就要列哪个科目，不能简单省事列入“其他”；各项“其他”收支是财政部门决算审核的重点，凡是“其他”收支数额大的部门，都要在“部门决算填报说明”中逐项列出收入来源和支出去向，并说明原因。要求算是很严格了，部门决算编制手册中也增加了相关要求和表样，决算会审时审核人员也都紧盯着各种“其他”不放，但各项“其他”并没有因此而减少。有的部门甚至在“部门决算填报说明”中将“其他”的收入来源和支出去向洋洋洒洒开列了几大张，很是理直气壮。各种“其他”收支，年年以高占比、高增长不可阻挡地增加着。

小丁一直想不明白，1980～1998 年前后，行政事业单位“决算支出明细表”只有 1 页，表中的支出科目总共只有 11 个。2006 年实行政府收支分类科目改革前，“决算支出明细表”有 35 个科目。2007 年实行政府收支分类科目改革后，“决算支出明细表”

增加到5页，开列了99个支出经济分类科目，科目设置得够多够明细了吧，竟还不够使用，还有那么多的收支都要列入“其他”！

“其他”收支过多，会造成以下问题：一是一些收支没有按照政府收支分类科目正确归集，使财政和相关部门无法准确掌握行政事业单位各项具体收入和支出，正确把握收支增减变动趋势，及时发现问题并制定相应措施；二是导致部门决算数据失真，无法为下一步深入分析和评价行政事业单位资金使用效益提供扎实的基础数据，也难以开展准确的相关人均收支情况的分析和评价；三是有可能藏污纳垢，掩盖一些违反财经纪律的收支问题。

为了解决部门决算中一些部门和单位“其他”收支过多的问题，小丁认为：

首先，各级财政部门要进一步加强对行政事业单位正确使用政府收支分类科目的指导和培训。在预算编制时，就要规范政府收支分类科目的使用，将各种收支准确编入相关收支科目；预算执行中，单位要严格按照批准的收支预算执行，按照收支科目规定的内容进行核算，正确归集各项收支；审核决算时，要结合预算进行审核，检查各项预算收支完成情况，重点审核未列入预算的收入和支出，掌握收入来源和支出去向，保证各项收支合理合规。

其次，对于部门决算中一些“其他”收支数据过大的部门和单位，要深入单位进行调查了解，掌握真实情况，帮助单位规范会计核算，正确使用政府收支分类科目。要加强预、决算对比，对预、决算收支科目差异大、预算执行走样的单位，要依据《预算法》相关要求提出警示；要有计划地开展年度“账表一致性”核查，核查单位账表、账证是否一致，保证做到会计账簿数据与决算报表数据一致，必要时应通过下发核查通报的形式，督促单位规范政府收支科目的使用和会计核算。

再次，对于少数有意混淆收支科目使用，借以掩盖违反财经纪律的收支、规避财政监管的单位，对于账表不符、账证不符，向公众提供虚假财务信息的单位，要按照《会计法》相关条款，要求单位立即纠正，并对相关责任人给予严肃处理。

最后，财政部门要进一步完善政府收支分类科目的设置。注意收集行政事业单位在使用政府收支分类科目过程中反映的问题，对一些事业单位共性的经济活动事项，支出经济分类科目中若无对应科目，可考虑增设相关科目；或通过调整和细化科目使用说明，丰富科目核算内容，以便使行政事业单位能正确归集收支。

实行政府收支分类改革后，部门决算报表需重新设计。2007 年 6 月，在云南召开了全国部门决算报表设计座谈会

漫溢的“蓄水池”

人声嘈杂的部门决算会审大厅里，李小丁静静坐在候审区的一隅，全神贯注地翻阅一些单位的决算报表。她从填报说明看到分析报告，再从分析报告看到数据表，就这么翻来覆去地看，核对各表中自己关注的数据和感觉有疑问的数据。忽然，她发现了一个问题：一个单位决算主表“收入支出决算表”中，“用事业基金弥补收支差额”栏填列了2亿元，但附表“事业基金增减变动情况表”中“事业基金——一般基金减少”栏的数字却是6亿元。这是两个有着内在逻辑关系的数字，在决算表两处反映，却成了相差甚远的两个数字，原因是什么？跟踪追击，小丁马上又查看当年“结余分配”数与当年“事业基金”“专用基金——职工福利基金”增加这一对相互关联的数字，竟也是相差较大！

小丁立即让处里同志通知现场审核人员，在审核各部门决算时关注这个问题，加强对事业基金和专用基金增减变动情况的审核，发现数据增减对不上或不相匹配的，要求单位对数据差异原因进行解释和说明。会审工作结束后，在审核情况汇报会上，审核人员反映发现不少单位这两项基金的增减变动与收支表之间都不匹配，有的单位甚至差异很大。

为进一步掌握各部门这两项基金当年增减变动和历年滚存结余情况，小丁安排处里同志将本级部门“事业基金”和“专用基金”收、支、余列表反映，并列出两项基金当年增长比例，计算出各部门当年人均“结余分配”数和人均“事业基金”滚存结余数，对此进行分析。

分析表制作完成拿过来一看，很是令人吃惊：本级部门“事业基金”和“专用基金”两项基金的滚存结余额已相当于当年财政拨款的40%以上，年末“结余分配”数额最高的单位人均达几十万元。如果说两项基金是部门结余资金的蓄水池，那这个蓄水池真可以说是要漫堤了。

按照《事业单位会计制度》规定，“事业基金”增加的主要渠道就是当年的结余分配，一般来说，结余分配的60%进入“事业基金”，40%进入“专用基金——职工福利基金”。“事业基金”的减少，则主要应通过决算收支表中“用事业基金弥补收支差额”栏目反映。“事业基金”和“专用基金”可以说是单位资金的一个蓄水池，年末资金有结余时流进储存，平时资金短缺时则流出弥补。现两项基金滚存结余过大，蓄水池已呈漫溢状，而且基金流进流出的渠道也不规范，支流岔道太多，简直成了乱进乱出。最关键的问题还在于，虽然一些单位的蓄水池已呈漫堤状，却还在锲而不舍地据理力争，要求财政拨付更多的资金给予支持！

行政事业单位的资金，只有按预算、按计划支出了，才能产生社会效益和经济效益。资金大量滞留在蓄水池，除了支援银行单位能得到少量利息外，其他谈不上什么效益。

蓄水池漫溢了怎么办？如何疏通、分流或筑堤进行治理？小丁认为，首先要具体分析蓄水池漫溢的原因，然后才能对症下药进行治理。不同的部门资金结余的原因各不相同，经分析，小丁归纳出共性的原因如下：

一是年初预算安排问题。由于年初部门编制预算时对事业收入、其他收入预测不准确，导致年末实际收入大大超过年初预算收入。按照规定，年末非财政补助资金结余可以通过结余分配进入“事业基金”和“专用基金”。

二是预算执行控制问题。在加快支出进度的推动下，部门都是先支出财政资金，非财政补助资金无需进行支出进度考核，年末结余又能进行结余分配，故结余较多。加上一些项目预算本身虚高，项目经费中的单位配套资金基本无需支出，因此年末得以通过结余分配进入蓄水池。

三是会计账务核算问题。一些事业单位会计核算不按制度规定，事业收入不记入单位“本年收入”，直接作增加“事业基金”处理，事业基金支出不通过“用事业基金弥补收支差额”，直接作减少事业基金处理，致使单位决算收支表中的收支数小于当年实际收支数，不仅缩小了单位当年真实的收、支、余规模，而且规避了财政对单位收支和结余资金的掌握和管理。还有一些单位，对蓄水池的资金盼流入惜流出，不舍得花自家蓄水池的钱，资金有缺口，一概找财政，致使蓄水池资金越存越多。

四是制度设计问题。比如，现行《事业单位会计制度》规定，事业基金来源“主要为非财政补助结余扣除结余分配后滚存的金额”，表述不够准确，可操作性较差；在事业基金增减的账务处理中，规定事业基金增加的账务处理条目多且清楚，而对事业基金减少却基本上没有什么规定，没有事业基金的支出用途，也没有事业基金减少的账务处理。再如，现行制度规定，事业单位年末结余分配40%的资金可转入“专用基金——职工福利基金”，但由于近年来规范行政事业单位津补贴，不允许单位再自行发放福利补贴等，职工福利基金呈只进不出或进多出少的状态，形成大量结余。针对这个情况，是调减结余分配中对“专用基金——职工福利基金”的分配比例，还是明确规定将结余分配全部转入“事业基金”？由于制度修订未能根据情况变化及时跟进，“职工福利基金”缺少合理的支出渠道，导致大量资金囤积在蓄水池中无出口，使蓄水池有水漫金山之势。

根据审核分析发现的问题，李小丁他们撰写了一份“本级部门决算结存资金数额过大问题值得关注”的报告，对部门决算中的结余资金情况进行了深入分析，并有针对性地提出了改进和加强两项基金管理的意见和建议。

“惹不起”怎么办

决算会审现场，李小丁坐在候审区一隅，全神贯注地审阅一些部门的决算分析报告，并认真地做摘记。这时，决算审核人员小杨和部门的两位同志一起来到她面前。小杨告诉小丁，他在审核该部门决算时，发现这个部门在决算填报说明中有一条说明，说其会计账上有几千万元未列入决算表中。他要求部门按决算编报“账表一致”的要求将这些资金全部在决算报表中如实反映，调增决算报表中的相关收入和结余数据，但部门就是不同意，只好来找小丁评判。

小杨正说着，和他一起来的部门那位王处长就按捺不住地打断小杨：“我们可以把这笔钱列入决算报表，只要你们能保证明年我们的预算数不减少就行！”

小丁立刻明白了，部门是有意不将此笔款项列入决算表的，原因是怕由此造成年末结余过大，影响下年度部门预算收入的安排。这部门还真会来事儿，简直就是给财政挖了一个坑！明明是违反规定未足额在部门决算中反映结余资金，导致账表不符，可部门就是实打实地在决算填报说明中说了个明白，如果审核人员一个不留神，没有及时发现，决算就算审核通过，就成了“经财政部门审核同意”了，将来无论是审计还是谁再审核发现这个问题，那财政部门就要摊上事了。多亏小杨火眼金睛及时发现了问题！

另外，哪有王处长这么说的呀，什么只有保证他们明年预算不减少才能如实报账，哪有这么交换的！《会计法》明确规定：“单位负责人对本单位的会计工作和会计资料的真实性、完整性负责。”新修订的《预算法》第七十五条规定：“编制决算草案，必须符合法律、行政法规，做到收支真实、数额准确、内容完整、报送及时。”预算是预算，决算是决算，都要按照相关法律法规和预、决算编制要求如实填报、如实反映，哪有为了预算要钱就虚假编报决算的？还这么理直气壮！

小丁扫了一眼决算报表上的单位名称，知道这是一个握有实权的部门，难怪这么牛！小丁拿出《部门决算报表编制手册》，翻到相关文件规定的那一页，心平气和地向他解释：决算填报要严格按照决算编制要求如实反映单位的收支。决算数据来自会计账簿，账表一致、账证一致是编报决算的基本要求，也是财务人员的基本职责，不能将预算能否要到钱与决算是否如实反映挂钩。

“只要你能保证我们的预算收入不受影响，我现在就可以调决算!”王处长如同没听见小丁的解释，仍固执地坚持自己的“原则”。

解释，再解释，再反复解释。但解释来解释去，无论怎么说，对方坚持意见不变，不同意将那笔资金列入决算。

双方各执一词，难以协调。后来，王处长显然是不耐烦了，撂下一句“那我回去向我们领导汇报以后再说吧。”说完对下属说声“走!”气哼哼拂袖而去。那位下属听令后忙跟着处长往外走，匆忙中还不失时机地扭头向小丁他们点点头以作告别，同时做了个无可奈何的怪脸。

决算数据来自单位会计账簿，年年决算培训时都一再强调要“账表一致”，数据一旦失去了真实性，全国上百万财务人员辛辛苦苦忙半年编出的决算，岂不就像沙滩上建立的楼阁，还有什么分析利用价值？又怎么能作为制定相关政策、编制下年预算的参考和依据？小丁心里也蛮不忿的。

财政对部门决算的会审是在预算单位自审、财政业务机构复审后进行的最后一道审核，也是一次非常规范、严格、全面的审核。审核要通过计算机审核和人工审核，计算机审核包括2000多条审核公式和十几个审核模板，人工审核要翻阅决算填报说明，还要对公式报错提示情况进行判别等。时间紧，部门多，审核内容又多，审核人员经常是加班加点，非常辛苦。小丁表扬了在决算审核工作量巨大情况下仍一丝不苟、认真细致、坚持原则的小杨，同时要求审核人员都要像小杨那样，严格审核把关，争取将决算中的问题一网打尽，维护财政决算会审的公正性和权威性。

直到决算会审结束，也没见那个部门请示领导后是否调整决算的回音。回到单位，小丁联系分管该部门的业务机构梁处长，将决算会审情况告诉他，请他配合督促该部门尽快调整决算，真实反映年末结余情况，不要影响本级决算的汇总。小丁刚说完，就听梁处长在电话中叫苦道："我尽量去说吧，但难度很大！这个单位牛的很，根本不把我们处长一级的放在眼里，我们同他们协调什么事都很难，最后基本上都是不了了之。"

果不其然，直到小丁他们把本级部门决算全部审核汇总完毕，甚至决算资料印制和分析工作也全部完成，一切都场光地净了，也没见王处长那边有任何回音。那几千万元就成了游离于该单位"账"内"表"外的一笔资金。

年度决算"账表一致性"核查开始了。小丁他们根据决算审核情况选出了十个部门作为当年进行决算核查的单位，第一名就列上了王处长那个单位。谁知没几天，监督检查部门反馈回来信息：该部门无法去查。要求小丁他们再换一个单位报去。

财政几个相关业务机构对其都束手无策，看来这个部门还真是太“牛”，真的是“惹不起”！

在依法实施对部门预决算的监督管理中，各级财政部门都会遇到一些惹不起的单位。对“惹不起”们怎么办？小丁认为：

一是要认真贯彻落实《中共中央关于全面推进依法治国若干重大问题的决定》和习近平同志相关指示精神。习近平同志指出：“全面推进依法治国的重点应该是保证法律严格实施，做到‘法立，有犯而必施；令出，唯行而不返’。”“法律的生命力在于实施，法律的权威也在于实施。”法律就是法律，任何人、任何单位不得违反。权力部门更有率先垂范、带头执行国家各项法律法规的责任，不应有视法律于不顾的特殊部门。

二是认真落实《预算法》和《会计法》，严格执法，维护法律尊严。新修订的《预算法》第七十六条规定：“各级政府财政部门对本级各部门决算草案审核后发现有不符合法律、行政法规规定的，有权予以纠正。”财政部门要理直气壮履行法律赋予的责任和义务，不因对方权大而不施，不因自身位低而不为。在其位就要谋其政，坚决履行法律赋予的责任和义务。

三是加强财政部门内部预、决算信息的沟通，及时纠正违反财政法律法规的行为，加大违法违纪成本。对决算审核出来的问题，预算、决算和业务管理机构要及时沟通，研究解决处理意见，维护《预算法》和相关法律法规的严肃性和权威性。一方面要引导部门真实准确反映年度收入、支出和资金结余情况，做到账表一致、账证一致；另一方面要采取有效

2008 年 5 月，在山西省召开全国地方省市部门决算会审会

措施坚决堵住违法编制虚假预、决算的行为，加大违法违纪成本。在掌握和核实部门结余资金合法来源的基础上，督促单位编制下年预算时合理安排支出，用好存量资金，提高资金使用效益。

关键在于规范管理

随着财政专项检查组，李小丁来到了某西部省。按照要求，每个检查组要对省本级财政、一个市级财政和两个县级财政开展检查。在先后听了两个县的汇报后，有两点使小丁感到震惊：一是这两个县中，一个县年财政支出的97%是靠中央转移支付，另一个县年财政支出的95%是靠中央转移支付。中央财政转移支付力度如此之大，充分反映了国家对西部地区的扶持和对西部自然环境保护的决心。二是这两个县都分别反映，他们每年都要为上级驻地方单位支付工作奖励款200多万元。听到此，小丁很是吃惊，脑子里立刻跳出一句话：“阎王不嫌鬼瘦”！这两个县都比较贫困，自己饭碗里盛的还都是中央财政的粮食，却还要从中拨出一部分去奖励上级部门！听起来真叫人感到有点不可思议。

在后来走访上级驻地方单位的过程中，小丁有意识加强了对这方面情况的调查和了解。她发现，有的驻地方单位热衷于向地方财政争取资金，而且多多益善。资金要来后，由于未纳入或未足额纳入单位年度预算，这块经费大多属于“外快”性质，单位花起来随意性较大。但小丁也发现，有的驻地方单位却没有要地方的资金，不是地方不给，而是单位不去要。小丁诧异，问起原因，这个单位的财务处长讲：向地方财政要的资金再多，我们主管部门在核定我们单位的预算时，也都将其纳入我们单位经费总额统一算账，要地方的资金多，主管部门给的经费就少，那我们要地方的资金还有什么意思！况且地方资金也不是好拿的，常言说“吃人家的嘴短，拿人家的手软”，作为上级驻地方的监管单位，拿地方的补助资金不利于加强监管，所以，我们没有向地方要钱的积极性。小丁听了很受启发，两个性质相同的上级驻地方监管单位，对争取地方财政补助资金的态度却完全两样，说到底，就是规范单位预算编制和加强管理的问题。中午回到驻地，小丁立刻给不拿地方财政资金单位的主管部门财务处长打电话，肯定了他们这种规范的经费管理办法。

检查工作结束回到单位，为掌握本级其他部门接受地方财政拨款的情况，李小丁翻出了近3年的部门决算资料，查看本级这几年“其他收入”中“非本级财政拨款收入”数据。结果发现本级部门拿地方财政的补助资金还真不少，不仅数额大，而且增长比例高。再进一步分析又发现，非本级财政拨款收入多的部门，主要有10家左右，有垂直管理的部门，有部门在地方的直属单位，还有一些是部门驻地方监管单位。

《预算法》规定：“国家实行一级政府一级预算。”按照财政预算管理体制，一级财政管一级支出。本级的行政事业单位由本级财政供给，不能两级财政通吃。况且，实行分税制后，由于财权划分清楚而事权划分不清晰，上面千条线，下面一根针，县级政府事多钱少，资金最困窘的就是县级财政，特别是一些贫困县，正常维持经费都常常捉襟见肘，怎么还能让县级财政补助上级单位，穷补富、下级奖励上级呢?

根据制作的本级3年“分部门非本级财政拨款收入情况表”，小丁安排处里同志向表中收入增长较快的部门了解相关情况。了解到本级部门取得地方财政拨款补助资金主要有以下几方面情况：一是工作奖励款；二是对驻地方高校共建、委培补助款；三是对垂直管理单位承担地方委托项目补助；四是对驻地方执法监督单位经费补助；五是对科研单位承担地方委托项目补助；等等。据了解，有的地方财政部门甚至已将一些非本级行政事业单位列入了地方年初的部门预算，作为本级预算单位长期予以供给。

行政事业单位两级财政通吃，存在以下问题：

一是用款单位花地方财政资金而无需向地方财政报账，不符合“谁花财政的钱，谁就要向财政报账”的基本要求。从地方财政部门来说，对非本级预算单位拨付财政资金，由于用款单位只向本级财政部门报决算而不向地方财政报决算，地方财政部门大多是“以拨作支”，即以拨款数直接列支出，用款单位只管花钱而无需报账。

二是弱化了对财政资金的管理和监控。行政事业单位收到非本级财政拨款，无法作为财政拨款收入在单位账面反映，只能记入“其他收入”，作为非财政资金管理。按照规定，财政拨款年末结余不得进行结余分配，要全部结转下年，但作为“其他收入”年末结余就可以进行结余分配，将结余资金转入单位“事业基金”和“专用基金——职工福利基金”等科目，使财政资金性质的结余资金从账面上消失。

三是重复列报收支，虚增部门决算收支规模。一些非本级预算单位列入地方财政部门年初预算后，资金收支既要向地方财政报财政拨款收支情况，也要向本级财政部门报“其他收入”收支情况，导致同一笔款项在两级财政重复列报收支，虚增了全国部门决算收支规模。

四是一些具有执法监督职责的中央驻地方单位，接受地方财政补助不利于其执法监督和管理。

针对以上问题，李小丁他们提出了规范部门收入管理的意见和建议：部门经费应按照《预算法》规定，由同级财政予以安排和保障；理顺经费供应渠道，减少或不再允许本级部门从下级政府取得拨款；如确有合作项目或业务往来，收到地方财政拨款应全额列入本部门年度预算，实行统一管理；当年未列入预算的收入，部门需报送调整预算，经批准后方能使用，不得无预算支出；超预算收入只能列入下年度预算支出。

不久，预算部门下发《关于规范××部门非本级财政拨款管理的通知》，明确指出，业务管理机构对分管部门非本级财政拨款要认真清理。理顺经费渠道，逐步实现全面规范管理。一是要仔细甄别每一笔非本级财政拨款的合理性，对于合理的部分，应当分门别类制定相关政策，进一步规范其使用、核算、预算、决算等各环节管理。对于不合理的部分，应当逐步予以取消。要本着财权与事权相匹配的原则，进一步理顺本级部门经费保障体制，对于应由本级财政保障的相关支出，要在财力许可的情况下给予适当安排，同时不再允许本级部门从地方政府取得财政拨款，全面实现规范管理的目标。

党的十八届四中全会通过了《关于全面推进依法

治国若干重大问题的决定》，指出，深入推进依法行政，加快建设法治政府。行政机关要坚持法定职责必须为、法无授权不可为。新修订的《预算法》第三十六条规定："各级政府、各部门、各单位应当依照本法规定，将所有政府收入全部列入预算，不得隐瞒、少列。"编制科学合理的预算，是规范管理的基础。只有依法收入，并将部门和单位的全部收入都纳入预算管理，才能保证部门和单位合法合规的支出。

令人眼花缭乱的数据口径

行政事业单位各种报表中，数据口径较多。一些看起来科目名称相同但口径不相同的数据，数额大小千差万别，别说外行人难以摸清头脑，就是业内人士，拿到一套报表后，若不先看看编表说明，若不先问问这套数据的口径究竟是什么口径，也难搞清这套报表的数据究竟是个什么口径。即便是李小丁这样几十年都和报表打交道的人，对报表的各种口径也绝不敢含糊，拿到一套数据后，首先就是要搞清它是个什么口径，然后才能往下看。

先说行政事业单位报表的全口径。所谓全口径，是对那些既有一般公共预算财政拨款又有政府性基金预算财政拨款的单位来说的，是反映这些单位年度两项拨款的全部收入和支出。与大口径收支相比，全口径收支就是包括了政府性基金预算财政拨款收支。有政府性基金收支的单位是少数，而绝大多数行政事业单位都是大口径收支。

行政事业单位报表的大口径，是指一个单位年度的全部收入和支出，内容包括：一般公共预算财政拨款、事业收入（含财政专户拨款）、上级补助收入、经营收入、附属单位上缴收入和其他收入等所有收支。一般来说，行政事业单位决算报表中的“收支总表”，就是全口径或大口径，看了这张报表，就可以知道一个部门年度的全部收入、支出和结余情况。

行政事业单位报表中的小口径，是仅指单位从本级财政部门取得的一般公共预算拨款收入及支出。它包括本年一般公共预算财政拨款收支，上年结转和结余的一般公共预算财政拨款收支；不包括单位从非本级财政部门取得的财政拨款收支，也不包括从本级非财政部门取得的财政拨款收支。

再说行政事业单位报表中的小小口径。就是单指单位当年从本级财政部门取得的一般公共预算财政拨款收入及支出，不包括一般公共预算财政拨款上年结转和结余资金的支出。小小口径与小口径支出的根本区别就在于：是否包括一般公共预算财政拨款上年结转和结余资金支出。

很多人反映看不明白财政的各种报表，也搞不懂各种不同的口径。小丁认为这确实是个问题。口径过多是报表的大忌。报表数据口径多，一些数据又没有会计账簿数据做支撑，就容易造成人为拆分、自由裁量，想大能大、想小就小。中央要求政府信息公开，财政预、决算公开是其中的重要内容，如果公众看不明白搞不懂各项目和各科目的预、决算收支数据的口径，又怎么能施行其知情权和监督权呢？

李小丁认为，为了保证政府信息公开数据的真实可靠，行政事业单位数据的口径应尽可能简化、统一和完整。在她看来，所有数据公开或提供，有两个口径就足够了：一是公开全口径或大口径收支，向社会公众反映一个部门年度收、支、余全貌；二是公开小口径收支，即一般公共预算财政拨款的收、支、余数据。最关键的问题在于：所有公开或提供的收支余数据，都要同时包括这两个口径的数据。只有这样，才能防止人为将一些支出在大、小口径之间调整腾挪。

通过简化、规范和统一预决算公开数据的口径，可以促使行政事业单位切实加强支出管理，真正压缩不合理的开支，提高资金使用效益，而不是靠在数据口径之间的调整腾挪产生效益。

“巨无霸”公开职工人数的奥妙

部门决算公开工作结束后，李小丁他们将本级所有决算公开部门的数据全部搜集起来进行分析。很快，他们发现了一个有趣的现象：本来部门决算公开并没有要求部门公开职工人数，但却有六七个部门主动公开了本部门职工人数。细看这些公开职工人数的部门，小丁不由发出一个会心的微笑：这些“巨无霸”，真精明！

小丁所说的“巨无霸”，就是指那些所属机构在500个以上或资金收支规模在数百亿乃至上千亿元的大部门。最大的“巨无霸”所属机构达到几千个，支出最多的达到千亿元以上。

小丁早就听说，有些部门向同行介绍其决算公开的经验就是：在规定的决算公开期限内，死死盯住“巨无霸”，绝不走在他们的前头，一定要等“巨无霸”的决算数据上了网，自己部门才能跟随着上网公开。原因就是：大树底下好乘凉。“巨无霸”们的数据一旦上网公开，其庞大的收支余数据立即像海绵吸水一样，将所有公众的目光全部吸引，顿时，分析的、评价的、质疑的、发问的，热闹得不亦乐乎，自己部门那点微不足道的收支数据，就再没人有功夫搭理，质疑、发问也一概全免，轻轻松松就过了决算公开这一关。

可“巨无霸”们也不是吃素的，家大、业大、人多，自然精英也多，对付起想大树底下好乘凉的众多中、小单位，自有其应对的办法。他们深知，自己本身就是中国在世界地位的缩影，即总量优势，人均劣势。收支余总体规模固然不小，但职工人数更庞大，有的甚至包罗中央、省、地、县、乡五级人数。一搞人均，立刻水落石出，收支余即刻被稀释摊薄。绝不能让无谓的庞大收支余吓倒或误导公众！所以，决算公开时，他们一定要公开部门职工人数，那是必须的！结果也确实如此，职工人数一公开，“巨无霸”们的人均收支余数据便一下子就从队首挪到了队末。

小丁想，这你不能不服，“巨无霸”们确实很精明。他们通过公开职工人数，将公众的目光和思维由总量引导至人均。当然，若说还有点欠缺，那就是口径不太一致。“巨无霸”们的收支和人数是四级或五级预算单位的汇总数，而且是上层小基层大，决算公开要和同级部门对比，使用相同口径的人均数才更合理。

部门决算涉及的部门多，预算级次多，而且部门间业务内容不同，单位大小不同，仅看收支数据，是完全无法判断其收支高低和经费宽紧程度的。常常是，收支总额巨大的大单位，日子不见得过的宽；收支总额不大的小单位，日子不见得过的紧。就像亚洲发展中大国与西方发达小国，前者是总量庞大，后者是日子富裕。

常言道，有比较才会有鉴别。部门决算反映的是年度预算执行结果，体现的是各部门资金使用效益，究竟哪个部门资金使用效益好，哪个部门资金使用效益差，怎样才能把那众多预算级次多少不同，业务内容不同，单位大小不同，人员多少不同，情况千差万别的各级、各类单位拉到一个可比的平台上去对比、去鉴别呢？小丁认为办法只有一个，那就是计算人均。否则，面对部门决算那一本本黑压压密密麻麻的蝇头数据，任你再是专家是高手，也难以看出名堂来。

当然，这种部门收支情况和效益的对比不能搞那种大呼隆，不能将男女老少高矮胖瘦一股脑儿都拉到一个场地上用一把尺子量，那是绝对不行的，必须先将部门进行划分，搞同类别、同业务、同重量级的对比，这才有可比性。就像拳击比赛或举重比赛，要先把运动员按体重分为不同的等级，同一重量级的运动员同台竞技，这样才公平合理。如果让一个100公斤重的大块头与一个50公斤重的小瘦子同台比拼，那绝对有失公允。部门决算分析也是如此，先要将单位划分级次，按业务内容进行分类，再划分不同的重量级，然后再分别进行对比。比如分析医院收支情况，要先按中央、省、市、县、乡预算级次划分，同一预算级次的医院再按三级、二级、一级医院划分，每一级医院再按甲、乙、丙三等分别列队对比。另外，还有县医院和乡卫生院，也都要分别进行对比分析。这样才有可比性，对比的结果也才能令人信服。

为提高财政管理水平，充分发掘和利用部门决算数据，实现解析过去、控制现在与筹划未来的有机结合，有一年小丁他们下了大力气，制作了一本《部门决算解读》，对决算数据进行简单化、直观化、人均化的解读，意在改变决算资料脸难看、数难懂的问题，实现轻轻松松看决算，一目了然发现问题。具体做法是：将本级部门决算中的主要指标，如收入（其中，财政拨款占比重，事业收入），支出（基本支出占支出比重，人员经费占基本支出比重，项目支出），年末结转和结余（基本支出和项目支出），事业基金和专用基金，资产和负债，“三公”经费支出等，全部制作成分部门人均指标，然后再将单位分别集合站队，由计算机从高至低自动排序。这样一来，各部门资金宽紧情况、财务管理水平、会计核算情况、资金使用情况等便清晰显现。

结果常常是，不比不知道，一比吓一跳。

2010 年 8 月，在河北召开全国部门决算座谈会

竹筒倒豆子与挤牙膏

2011年，是国务院作出明确规定要求部门决算公开的第一年。为全面了解、掌握和分析各部门决算公开情况，本级部门决算公开工作结束后，小丁安排处里同志，将所有决算公开部门的数据全部搜集起来，制作出“部门决算公开情况分析表”，进行核对和分析，检查决算公开数据的真实性、准确性。

搜集数据可不是个小工程。首先，决算公开部门有90多个，要一个个从各部门网站上将其公开的决算数据搜索出来；每个部门公开5张决算表，要将表上的数据一个个拷贝粘贴到分析表的相关栏日中；部门决算公开的行政经费支出统计数、“三公”经费支出和相关实物量数据，都不在表中而在表外的文字注释和说明中，要一个个从注释和说明中把它们找出来再粘贴到分析表相关栏目中。其次，有些部门公开的决算数据，不是按要求大大方方放在部门网站的首页醒目处，让人轻易就能看到，而是羞答答藏身于深闺，你要耐下心来，不厌其烦地打开部门网站的一个又一个网页，最后才能在灯火阑珊的角落处将其搜出来。最后，一些未设网站的部门，其决算公开的数据还要到处寻找搜索，有的最终是在部门出版的报刊上才追到了它们的身影。分析表共有3表16页，每页几百个单元格，除部分是自动运算单元格外，大多都要靠人工一个个把数据粘进去。难尽管难，但小丁的同事可不是等闲之辈，既有能力又有耐心，没用几天，90多个部门的决算公开数据就尽收囊中。

“部门决算公开情况分析表”中的内容很多，有财政对部门决算批复的收、支、余数据，有部门公开的收、支、余数据，两数对比，计算出差异数和差异率；有报送财政的部门决算一般公共预算财政拨款“三公”经费支出数，有部门公开的一般公共预算财政拨款“三公”经费支出数，两数对比，计算出差异数和差异率；有报送财政的部门决算一般公共预算财政拨款支出占大口径总支出比重，有各部门公开的一般公共预算财政拨款“三公”经费支出占大口径“三公”经费支出的比重，还有部门公开的一般公共预算财政拨款购置车辆占部门总车辆比重，等等；另外，还利用财政部门决算中的职工人数，对各部门决算公开的一般公共预算财政拨款的行政经费支出和“三公”经费支出等逐项进行了横向人均支出的对比和分析。

有了这些分析表，各部门决算公开数据的真实性、准确性便一目了然。小丁拿着那叠分析表细细地研究琢磨，很快，她就总结出此次部门决算公开的特点：90多个部门决算公开情况大致可分为两类：一类是竹筒倒豆子型；另一类是挤牙膏型。

所谓竹筒倒豆子型的决算公开，就是部门完全按照决算公开要求如实准确地公开了本部门的决算。公开的数据不仅与财政决算批复数据完全一致，而且公开的一般公共预算财政拨款“三公”经费支出占大口径“三公”经费支出的比重、一般公共预算财政拨款购置车辆占部门车辆总数的比重，也与其一般公共预算财政拨款占部门大口径总支出的比重基本相符，各项人均支出与其他部门相比也基本平衡，没有过高过低的畸形状况。

所谓挤牙膏型的决算公开，就是部门决算公开有点扭扭捏捏犹抱琵琶半遮面状，好像唯恐真实大方公开了决算别人会跟他过不去似的。公开的数据，不是与财政决算批复数不相符，就是与报送财政的决算报表数据不符，再就是经费结构和内在逻辑关系不对，相关数据不匹配。比如，一个部门一般公共预算财政拨款支出占其大口径总支出的比重在95%以上，但公开的一般公共财政拨款购买的车辆却仅占单位车辆总数不足10%，公开的一般公共预算财政拨款“三公”经费支出占大口径“三公”经费支出的比重也不尽合理，几项人均支出也是畸高畸低，不像是那回事。

小丁看后，不由对那些挤牙膏型决算公开的单位暗暗担忧：决算公开第一年的数据，真实准确是最重要的。它相当于是一个基期年，以后年度的数据，都要以此为基数去计算增减数和增减比例。现在倒好，数据不实，今年公开的数据倒还说得过去，可明年呢？以后呢？怎么办？难道年年调整不成？真不如是美是丑硬着头皮大大方方出来见公婆，以真面孔示人，起码博得一个诚信美，也少了以后年度的心理负担。

果然，第二年决算公开后，竹筒倒豆子型的部门很轻松，各项数据和增减比例都很正常，公众没有质疑，顺利过关。而挤牙膏型的单位就遭遇了麻烦。有个部门感到第一年决算公开的一般公共预算财政拨款购买的车辆数整的太少，而那些公开车辆多的单位也没见有公众质疑，这次就大着胆子多挤了点牙膏，谁知立刻遭到公众一片质疑：该单位当年财政拨款购买的车辆比上年增加了数百辆，而当年财政拨款支出中的车辆购置费却没怎么增加，要求该单位解释新增加的车辆是从哪里来的？用什么钱购买的？还有的单位，上年经调整公开的“三公”经费支出严丝合缝恰到好处，但年年调整总不是个事，况且决算数据之间相互关联，内在逻辑关系十分严密，往往是按倒葫芦会起来瓢，加上应对审计也不容易，于是第二年索性按实际支出真实公开，结果增长比例立马超标，引起一片质疑声。面对公众质疑，部门大小领导都追问，层层要求解释原因，把财务部门搞得焦头烂额，对公众质疑更是难以自圆其说。无奈，只能以沉默应对。

好在公众质疑了一阵，并没有发扬宜将剩勇追穷寇的精神追下去，最后总算不了了之。

决算公开，是竹筒倒豆子型还是挤牙膏型，公开者心知肚明，管理者也洞若观火。

2014 年 11 月

“老师”杨克己

杨克己是20世纪80年代中期从省总工会调到财政厅的。说起来，我比杨克己还早到财政厅好几年，之所以称他为“老师”，是因为他虽是解放初的老大学生，调来时也已年近半百，却没有什么职务。那时我们十几个人的处只有一正一副两个处长，与现在行政机关里几乎人人都是处级，科级干部成为“凤毛麟角”的行情大不相同。我们这些20多岁的年轻人，总不好意思当面管处里那些比我们大十几二十几岁却又没有职务的老同志叫老这老那，于是便一概都称为“老师”，杨克己自然也就成为“杨老师”。但私下里说起来，我们还都是老杨这老杨那的，顺口。

老杨来时，我们行政事业财务处事业组的办公室里已有四个人，四张桌子两两相对靠北窗摆了一溜儿，一头接东墙，一头靠西壁，桌满为患。老杨来后，他的桌子只能摆在东南墙的一个角上，人坐南朝北，旁边，一排文件柜贴南墙一直摆到了门口。

老杨在靠墙的那个角落里似乎很自在，他不喜欢与人多交往，一张桌子八不靠，正好。老杨烟抽得厉害，一根接着一根，幸好他桌子上方东墙上有一个窗子，算是天然排风扇，使烟雾能够自然排出，于他人并无大碍。他喝茶也喝得厉害，茶壶里经常是水少茶叶多，而且喝法特殊，不用杯子不用碗，一把紫砂小茶壶直接对着嘴喝。平时，老杨坐在角落里，边抽边喝边喝边抽，自成一统自得其乐。

我们办公室原来除我以外有三位老同志，年龄都在四五十岁左右，其中两位是军转干部，老杨一来，成了学历最高的老同志。当时正值拨乱反正、尊重知识重视人才之时，不久处里就把重要的文教卫事业费交给了老杨管理。

接手工作后，老杨没请别人给他介绍分管单位的财务管理情况，也没向谁请教过任何问题，只是找来这些单位的决算报表，足有半尺多厚的一大摞，然后就是整天坐在那里埋头看报表。他从决算汇总表翻到基层单位报表，又从基层单位报表翻到汇总表，天天就那么不厌其烦地翻来覆去，不时还在本子上记点什么。烟雾缭绕中，他一看就是几个月。

那时我常纳闷，老杨总这么看呀看的，都看些什么呢？决算报表又不是小说杂志，枯燥无味不说，还整篇整页满是黑压压密密麻麻的蝇头数字，看着就叫人眼晕，总看个什么劲儿呢！办公室里从没谁这么下劲儿地这样看决算报表的。通常的情况是，忙忙碌碌几个月把决算汇总上报后，大家都猛松一口气：可算搞完了！然后把报表往柜子里一锁，拉倒。可老杨，竟这么拿它们当宝贝！

几个月后，老杨终于看完了那摞决算报表，和分管单位初次交涉，就不同凡响，单位所有收入、支出、结余、会计核算、财务管理、预算执行情况什么的他都了然在胸，说这他这清楚，说那他那明白，甭想对他有任何敷衍塞责糊弄应付之处，最后，他还不紧不慢井井有条地给单位提出了一连串需要改进的会计核算和财务管理方面的问题，让单位的同志暗自惊异刮目相看！审预算、批决算老杨也都是行家里手，他业务精湛、公道正派、实事求是、不徇私情，分管的单位都对他尊敬有加。后来，当我经过多年的工作磨炼从一个新手变成了一个老财政，也常埋头于浩繁如海的决算数字并深知其中之奥妙时，我的眼前，仍常浮现出老杨在那个烟雾缭绕的角落里埋头翻看那一摞决算报表的身影。

遇到处里学习或开会，老杨一般都是闷头抽烟，不大开口发言。对领导，老杨也是敬而远之，不召不见，不问不说。但在关键时候，老杨又总能站出来仗义执言，从不顾及谁的脸色。这一点很对我们年轻人的胃口，叫我们心里都暗自佩服。

那时候，机关逢年过节搞福利常常是分实物，不是分几条鱼，就是分几斤肉，再就是分几个西瓜什么的。分配这些东西从来不用秤，总是采用简易的扒堆法，处里有几个人就扒出几堆，当然，这就免不了各堆之间会有些多少不一、优劣的差别。每逢这时，有的人总是早早到场，在扒好的堆里东转转、西挑挑，他们挑剩下的，才是我们小年轻的。老杨从来不是这样，每次分东西他都去得较晚，随便拿起离他最近的那一堆东西扭头就走，不管好坏和多少。于小事处见精神，这让我们对老杨更有好感。

对我们这些年轻人，老杨亲切热情、毫无架子，无论谁有难处找到他，他都尽力帮助。一次，处里一位小年轻的亲属来省医院住院看病，夜里突然病危，值班医生调不来专家，眼看病人危在旦夕，小年轻急得六神无主，夜里两点多跑去敲老杨家的门。老杨闻讯，二话没说爬起来就跟小年轻跑到了医院，半夜三更，老杨费了好大一番周折才找到医院院长，立刻安排了专家进行抢救，终于使小年轻的亲属转危为安，拣回了一条命。我丈夫大学毕业后用几年时间写了一本专著，但因当时年轻没名气，在省里找不到出版社出版。北京一个出版社愿意出版，但由于是专业书籍销路有限要求个人资助5000元钱。我的天！那时我们两个人一月的工资加起来不过100多元，5000元简直就是天文数字，上哪儿找去？老杨知道后，千方百计帮我们借来了资金，使书得以顺利出版。后来，当丈夫成为业内骨干学者，多家出版社向他约稿，出书再也不是问题时，我们始终念念不忘的，总是老杨。

老杨的名字叫杨克己，能给儿子取名为克己的父母，显然不是目不识丁之辈。但在讲究阶级斗争和家庭出身的年代，老杨纵能克己，终难复礼，家里也是夫唱妻不随，缺少修身齐家之和谐。老杨身材瘦小，精精神神，做事有板有眼、一丝不苟，啥事都讲究个秩序。他的妻子高且胖，没多少文化，说话粗声大嗓的，在公园里当工人。老杨和他的妻子就像是两条道上跑的车。我们曾去过老杨家几次，他家里总是乱糟糟的一片，连像样的家具也没一件，与办公室里天天被老杨收拾得整整齐齐、干净利落的办公桌形成鲜明对比。我们在他家时，有时他的妻子就跟他拌起嘴来，逢到这时，老杨闷声不响只管低头抽烟，让一团浓浓的烟雾包围住自己。常常，早已下班了老杨还待在办公室，和我们这些一天三顿吃食堂以办公室为家的年轻人为伴。老杨是个很精明细致的人，讲究生活质量和品位，但他的生活显然没有什么质量。

老杨退休后，身体好，人缘也好，被一位曾在厅里工作现已下海经商的年轻人聘去发挥余热。一次回郑州时我去看他，他一人一间办公室，收拾的窗明几净，南面窗台上摆着一黄一紫两盆菊花，花朵硕大，在阳光照耀下舒心适意地开着，满屋子都弥漫着淡淡的清香。闲聊中，我知道他的两个孩子都已参加工作并成了家，常回来，很孝顺；他已不怎么抽烟了，每天晚上散步，生活很有规律。从老杨轻松的话语里，我感到他过得很开心，是改革开放给老杨提供了和谐的环境和宽松的心灵空间。老杨业务精通、工作敬业，到哪里都是一把好手，在这里也深受老总的信任和重用。过了几年，我又回郑州，听说老杨已病重住院，急忙到医院去看他。谁知赶到病房时已是人去床空！急问正在收拾病床的护士，说是老杨半个小时前刚刚过世。

老杨去世好几年了。我离开财政厅也已有多年。但无论何时想起老杨，我心中都有一种亲切感。老杨业务精通，耿直正派，为人仗义，在别人遇到困难时总能尽心竭力相助，他用行动无声地影响着我，告诉我如何做事、如何做人。从工作到人品，杨克己都是我的好老师，我不会忘记他！

2009 年 1 月

组长王新德

20世纪80年代初，我毕业分配到省财政厅。当我跟着处长踏进行政事业财务处事业组的门槛，第一眼看到的就是组长王新德。他那亲切和蔼的笑容和热情伸出的大手，令我记忆犹新。握着他暖暖的手，我原本紧张的心情顿时放松下来。从此，我和组长一个办公室桌对桌面对面一坐就是近10年，直到他离休，而我也由一个初出校门的学生成长为行财处副处长。

行财处是财政厅支出管理的主要业务处，管理着省直60%以上的行政事业单位（后财政部门内设机构调整，该处一分为四，分为行政政法、教科文、社会保障和政府采购四个处）。处内设制度、省直行政、事业财务三个组。事业组业务范围最宽，管理着文教卫、工交商、抚恤和社会救济等八大类支出，并负责省级文教行政单位年度预算安排和决算汇总、全省专款追加和全省决算汇总等综合业务。组里算上我一共 4 个人，王新德是事业财务组的组长。

组长出身农家，20 岁参加解放军，从解放战争的战场转战到抗美援朝战场，在部队后勤保障部门一干就是 15 年，20 世纪 60 年代中期转业到财政厅。他身上既有部队干部的严谨和认真，又有邻家大叔的宽厚与和气，在他领导下，事业组一室融融。

有很长一段时间，我都庆幸组长有“组长”一职可供称呼，从而避免了口称“老师”的尴尬。毕竟，机关又不是学校，总一口一个老师地叫着算什么事儿？随着我称组长为“组长”，处里一干小年轻也都一口一个“组长”“组长”地叫起来。说实在的，“组长”真不是个什么正经官衔，而且听起来官职小得不能再小，但组长左一声右一声地应着，十分顺溜。而对处里另外两个组的组长，我们都不敢造次，还是言必称老师。

我刚到事业组时，正赶上审核省直单位年度决算，工作十分忙碌，每天一上班，各个办公室里的算盘声就噼里啪啦响成一片。那时没有计算机，更没见过复印机，数据汇总靠算盘，报表一式几份靠复写。组里的老任和小尹负责审核分管单位的决算，组长负责复核和汇总，我新来乍到，审决算暂时插不上手，就帮着组长复写报表和打杂。

有趣的是，过不了一会儿，办公室里算盘的和谐奏鸣声就会被组长打断："小任儿，刚改过的数你怎么又填错了？"虽说"小任"的年龄已50岁出头，但仍不耽误组长一口一个"小任""小任"地叫。

"哪里哪里？我看看！""小任"边问边一阵风似地从我身后的办公桌跑过去。看后，他把眼镜扶扶正，自我解嘲道："噢——，是写错了。不行了，老眼昏花啦！"

再过一会儿，又听组长叫起来，"小尹，你这个家伙，怎么数字搬搬家就不是这个数了！"

"是吗？"小尹一边应着一边忙走过来看，然后按照组长的指点一一改正过来。

一个上午，他们俩这样来来去去要跑上好几趟。我在桌对面看着，一面觉得好笑，一面在心里暗暗打定主意：以后若让我审核决算，就绝不让组长再找出一个错！

决算汇总后，组长把一式五份复写全套决算的任务交给了我。已知组长工作之严谨认真，我丝毫不敢马虎，不仅将阿拉伯数字按规范的斜体写法写得一丝不苟，而且力争每页数字不写错一个、无一处修改。我复写一页校对一页，几十页报表复写完成后，把它们装订得整整齐齐交给组长。组长照例又一一进行核对和检查，完了，他抬头看看桌对面的我，笑着拍了拍面前的那叠报表说："好！不错！"

20世纪80年代初，正是财政体制由"统收统支"向"划分收支，分级包干"（俗称"分灶吃饭"）调整变化之时，省财政要将各项收支基数和专项经费分地市算账下划。基数下划对地市来说可是非同小可，有如娶媳妇或嫁闺女，有着一次定终身的重大意义。为科学合理地划分基数，组长设计出一套详尽的支出基数下划算账测算表，有按照各地市行政事业单位编制人数、实有人数和各项支出定额测算的人员经费基数表；有按照各地市人口总数、财力情况、历年专款安排情况和诸多应考虑因素计算的专项经费基数表；还有近几年各地市决算支出情况表等。为填这套表，我们几个翻资料、找数据，拨拉算盘算了一稿又一稿，天天忙得不亦乐乎。对各表的测算结果，组长又参照相关资料对各种因素所占比重进行了反复调整。

一天，正忙着，电话铃响了，组长接电话后让我带上本子跟他到厅长办公室去一趟。常保琦厅长是位业务精通、不苟言笑的老革命加老财政，他就基数下划算账的有关情况向我们提出了一连串的问题。我听得一头雾水，也很为组长捏把汗。但见组长不慌不忙、一一作答，思路清晰、言简意赅，不仅回答了厅长提出的问题，还对支出基数测算和经费下划的一些关键问题谈了自己的想法。看厅长听得连连点头，我在一旁真把组长佩服得不得了，当时就下定决心：以后我也要像组长那样，能当领导的高参！

在财政部门工作多年，所见都是单位川流不息来找财政要钱，却少有财政主动送钱上门的。但在我的记忆深处，多少年来总不能忘记组长带我送钱上门的那一幕。那是我刚参加工作不久，有段时间，组长带着我连跑好几趟省落实政策办公室。我颠儿颠儿地跟在组长后面，看他和那里的同志交谈，看他从他们那儿拿回有关文件、落实政策人员名单和应补发工资数额，看他回到单位立即起草追加指标文件并迅速将文件发出。我忙着帮组长印文件校对文件粘信封发文件，但对这项工作的意义却并不尽了解。后来，我看了一些文件资料，读了不少伤痕文学，了解到从“反右”到“文化大革命”有那么多人蒙冤受屈，才明白当时组长做的是一项多么重要的工作！他亲自一趟趟跑去取名单和材料，那么主动和及时，就是要以最快的速度把党的政策和温暖送到那些曾经蒙冤受屈的人们手中。若干年后，当我组织和参加全省贫困地区义务教育工程检查和自然灾害救济支出等专项经费检查时，我常常想起组长的这份财政干部的良知和责任心。为了解贫困地区义务教育工程建设的真实情况，我曾带队10天跑了9个县，跑遍了这个地区所有的贫困县，不仅听县乡介绍情况，还实地察看了20多所乡村中小学。为检查受灾地区农田农户补助资金落实情况，我们直接走进村庄和农户，查看资金分配是否已张榜公布，了解补助款是否已落实到户，力求掌握第一手资料。

天天和组长桌对桌、面对面，组长的一举一动尽收我眼中。一天，我看组长又在往笔记本上抄文件，终于忍不住好奇，问道："组长，文件都存在卷宗里，随时可以看，你为什么还非要抄下来？"

"那可不一样。"

"怎么不一样？"

"这不能告诉你。"组长故意气我。

问题没得到答案，我越发想知道组长到底往本子上抄了些什么，于是走过去，不客气地拿起组长的本子，在组长"乱来！乱来！"的叫声中只管翻看。这一看，恍然大悟！原来组长抄的都是些中央下达的人员编制文件、非一次性经费指标追加文件、指标上划和基数下划文件等，再往前翻翻，还有历次的调资文件、各类单位的预算定员定额、各地市诸如红军失散人员人数、伤残退伍军人人数等算账数据，显然，这些都是为了了解指标是否及时下达或为预算管理和算账方便积累的重要资料。这一下让我大受启发，很快，我也有了这样一个本子。如果说我后来对行财处各项业务还算熟悉，对各项支出的增减变动来龙去脉能有所了解，审核单位预算及追加单位预算时能有根据，全得益于这样的耳濡目染。

事业组承担着处里很多综合性业务，人少事多，组长肩上的担子不可谓不重，但他忙而不乱，理财有方，总是把一切工作安排得井井有条。每年年初预算尘埃落定后，他都要根据预算处确定的我们处的支出盘子，分类分款写出详细的预算编制说明，将各项经费增减变动情况和原因一一列明，然后附上复写的预算支出明细表一并订入卷宗。年度执行中，把预算调减和追加指标文件一一存入这本卷宗。年终决算完成后，将汇总的省直决算与年度调整预算及上年决算进行分析对比，写出决算分析报告，再附上复写的决算报表一总订入卷宗。一年一本卷宗，将全年省直文教行政单位预、决算情况和支出增减变动情况反映得清清楚楚、历历可查。后来，这项工作就由我接着做，卷宗也由我保管。20 年下来，一本本卷宗在我的文件柜里摞了一尺来高，我给它们贴上标签，只要需要，随时可以方便地查到任何一个年度的预、决算情况和具体的支出增减变动原因。而我也就在这一本本卷宗的制作过程中，熟悉了财政支出管理业务，掌握了省直各单位的财务管理情况，了解了支出管理的重点和薄弱环节，并对加强行政事业支出管理形成了自己的思路和看法。以后我们能获得财政部“省级行政费管理一等奖”，能在住宅电话、会议费、公费医疗等重点支出管理和预算追加规范性等方面取得任何一点成绩，全在于这多年跟随组长的学习和积累。

时光一晃而过，一切仿佛如昨。一个办公室桌对桌、面对面坐了近 10 年，我没见组长疾言厉色批评过谁，也没见他好为人师教导过谁，无愧于心，无责于人，身教重于言教。10 年中，我从未称过组长为“老师”，并曾为可以不必称他老师而窃喜，但组长是我真正的老师！我为在刚参加工作就能遇到王新德这样的老师而庆幸。

2009 年 12 月

1988 年 5 月摄于事业组办公室。我对面就是组长，
他身后是东墙，他左手是老杨的办公桌

财务处长王蕾

王蕾原是省体育局的财务处长，南方人，个子不高，讲一口软软的桂林普通话，让人听着十分熨帖。因工作关系，我曾和王蕾打交道多年，尽管现在她退休已有八九年了，但只要想起王蕾，“红管家”三个字还是立马就跃入了我的脑海。

管家难当

省直单位的财务处，上对财政部门编报预、决算，下对所属单位指导预决算编报、会计核算和财务管理，承上启下，是财政预算管理链条中极其重要的一环。

有人总结说，省直单位的财务处长主要有两大任务：一是找钱，即广开财源；二是管钱，即把资金花出效益。说白了，财务处长就是单位的大管家。对一个家庭来说，肯定是花钱容易挣钱难，但对一个单位来讲却未必如此。行政事业单位的资金主要来自财政，找钱就是找财政，简单明了；而花钱却大有学问，财务处长上要应对单位一干领导，下要面对众多职工，资金有限而花销无穷，稍不留神就会得罪人。管家岂是好当的？王熙凤当管家倒是有一套，精明能干、伶牙俐齿、左右逢源，但背地里竟拿众人的月钱去放高利贷，最后闹得众叛亲离、身败名裂。可廉洁奉公、不谋私利、精通业务的老实人就一定能当好管家吗？也不见得。财务涉及单位每个人的切身利益，人们拿着用钱申请和费用报销单找到财务处，谁不希望一切如愿顺顺当当，一旦被审核拒付，谁心里不堵？固然制度就是制度，制度不照顾人情，但总拿制度说事儿把人都得罪完了你那位置还坐得稳吗？所以，作为一个财务处长，工作中要想既坚持原则又不失灵活，既保证重点又兼顾各方，还要想方设法提高资金使用效益，真不是件容易的事。

要钱有道

先说找钱。有些单位财务处长广开财源的诀窍就是一个：千方百计、想方设法向财政要钱。他们报预算不仅虚头大，而且频率高，追加预算的报告源源不断。一次某单位报来追加预算，要求财政追加经费 210 万元，说是准备接待一个不足 10 人的外国代表团，需要将机关那个能容纳 300 多人的大会议室重新粉刷装修，并购置全套桌椅和音响设备。这简直是狮子大张口！如都似这般，公共财政的职能如何能保障？面对这种情况，我们财政干部也没白吃干饭，对单位报来的预算都要认真审核、严格把关。记得当时审预算有一句戏言，说是“你头戴三尺帽，我拦腰砍三刀”，我们行财处的王处长，还曾被省直几个老财务处长起绰号为“王三刀”。对那个接待外国代表团的预算，最后我们审核的结果是：同意追加 18 万元，用于装修一个小会议室。

体育局王蕾处长报预算从不这样，她报的预算每次都有根有据，算得细而又细，让你审核时想砍却找不到下刀的地方。体工大队要修建几块塑胶网球训练场地，王蕾报来追加预算，数量、定额、费用一项项算得清清楚楚：每平方塑胶多少钱、共需要多少平方多少钱；装修费需用多少个工多少钱；场地围栏多少米多少钱；场边休息座椅共需几张多少钱；休息座椅上方的遮阳篷需多长多宽每平方多少钱共多少钱……严谨翔实无懈可击。虚对虚，实对实，对王蕾处长报来的预算，我们基本上都是照单全付。

支出把关

再说管钱。有些财务处长的管钱之道就是：对领导需求照单全付，对职工报销睁只眼闭只眼，落得个八面玲珑四面光，甚至有些对财会业务完全外行的人，一朝当上财务处长，如此这般也干得是得心应手。至于资金的使用效益之类，一般不在他们的考虑范畴。

和他们比起来，王蕾这个精通业务的内行，就不如他们那般长袖善舞。

王蕾是财会科班出身，又经全国考试取得了注册会计师资格证，体育局系统上上下下的财会业务问题都难不住她，而且理财思路清晰，保什么、压什么，怎么让有限的资金发挥出最大效益，都胸有成算。但她当财务处长十多年，小的争论自不必说，单是和几任一把手大的争论就有七八回。一次后勤上决定为局长装修办公室，报告送到王蕾那儿却卡了壳，她拿着装修报告径直找到局长，用那软软的桂林普通话汇报说，现在单位经费紧张，体工大队买器材都缺钱，运动员外出训练，十几个小时的行程也只能坐火车硬座，您的办公室能否暂不装修？局长是位很有涵养的领导，但乍听这话也是一怔：哪见过这样的处长，对一把手用钱竟也要卡！但他最后还是接受了王蕾的建议，毕竟，在经费如此紧张的情况下装修办公室并不合适。

还有一次，办公室的同志拿着一把手签字的餐费发票来报销，王蕾没同意，她找出相关文件去见一把手，“局长，上级早有明文规定，不能用公款吃喝，这餐费没法报销。”领导一听，大发雷霆：“我愿去公款吃喝吗？我愿去陪人喝酒敬酒吗？我还有高血压不能喝酒呢！我不知道下班早早回家休息舒服吗？这不都是为了解决下面单位的问题嘛！……”他越说越生气，一连几天，见了王蕾都是黑着脸。王蕾却无事一般，该请示请示，该汇报汇报，总是那一口软软的桂林普通话。不久，领导的脸就由阴转晴复又阳光灿烂了。

叫人称奇的是，尽管王蕾对上对下都是讲规定、抠制度、照章办事，还一再抗上，却并没见哪个领导把她这个既不听话又极不善体会领导意图的财务处长拿掉。“不识时务”的王蕾不仅在体育局财务处长这把交椅上稳稳当当坐了十多年，到该退休时，领导还想留她多干几年。

全看领导

我常替王蕾庆幸，说她幸亏遇到了几位公道正派、心胸开阔能容人的好领导，她那般让领导下不来台，却不仅没有被撤换，连小鞋也没给穿过。相比之下，省直机关一位像王蕾一样坚持原则的老财务就没有那么幸运了。那位老财务因坚持财务制度，不应开支的不让开支，不该报销的不给报销，有人想领公物往家拿她不让领，结果在单位结怨甚多，被从一级机构贬到二级机构。在二级机构，她仍“不知悔改”，又被挂起来不给安排任何工作。她工资调不上，升级升不成，气得只能跑到会计人员的娘家——财政厅来哭诉。而体育局那位发脾气的领导退休后有一次碰到我，说起王蕾是满口称赞：“那么多年，幸亏有王蕾替我把着关，不仅钱花的是地方，而且财务上从来没有出过任何问题，哪次审计都没事儿！”我听了很为领导的胸襟所感动，心想若不是有这几位领导的理解和支持，王蕾即使再有才干，怕也早已和那位老财务一样，被换位去职，无财可理无关可把了。可以说，没有体育局这样的领导，就没有也容不下王蕾这样的财务处长；没有王蕾这样的财务处长，也显示不出体育局领导善识人、会用人、能容人的英明可敬。

让人感慨的是：执行财务制度，这本是财务人员的基本职责，但如今财务人员在单位是否能够和敢于履行其基本职责，全靠单位有无开明的领导！而领导是否开明，则只能靠其个人素质、良心和自律了。审计风暴已刮多年，但审出的问题仍是层出不穷，叫人不由望洋兴叹。

有点另类

说来叫人不相信，作为省直单位一个掌管财务的处长，王蕾出差住过地下室，睡过上下床，出去办公事有时换乘几次公交车也不舍得打出租车。对她来说，单位的钱简直就像金豆子，能省一个是一个。他们财务处一位同志曾告诉我，王蕾一向公私分明，一次因私用了单位的车，还向财务缴了几百块钱的用车费。王蕾的儿子结婚时，她怕所属单位知道了用公款送贺礼，便悉心保密，最后竟连他们财务处都没人知道！结果，她没用公家一部车，没沾公家一分钱，婚宴所请的几桌客人中，没有一个是和王蕾有工作关系的！那位同志感叹说，人家当了财务处长是花钱方便了，而我们王蕾处长却相反。一个财务处长，管钱能管到这个份儿上，实在难找！

一般人认为，在单位财务处工作，守着“财务”管着钱，花钱怎么不也得方便点，近水楼台先得月嘛！可王蕾领导下的财务处，却硬是近水楼台不得月。为反映改革开放以来全省体育事业发展情况，王蕾组织财务处的同志翻箱倒柜四处求援收集资料，编写了一本《1978～1998年体育经济资料汇编》，还附有几十张表，详细反映了全省20年来体育经济发展情况和人均体育事业费开支情况，受到领导和全省体育系统的高度评价。财务处区区几个人，本来应付日常工作已是十分忙碌，编资料更是让每个人忙上加忙。王蕾身先士卒，率领大家加班加点、收集资料，画表取数、几经校对，忙得不亦乐乎，辛辛苦苦干了几个月，最后却没人领过一分钱的加班费和补贴。原因是财务制度有规定：行政单位请假不扣工资，加班不加发工资。

平时王蕾讲话总是软软和和、轻声细语，但在工作中执行制度、支出把关时，她却是柔中有刚、寸步不让。也许有人认为王蕾执行制度过于僵硬，原则性有余而灵活性不足，也许王蕾的一些方式方法确实可以商榷或改进，但我想，如果预算单位的财务处长都能像王蕾一样，那么，财政、审计的业务量可能会大大减少，财政资金的使用效益可能会进一步提高，公务员在社会公众中也会有一个更良好的形象。

人心一杆秤

王蕾为人谦和低调不张扬，但却多才多艺，很富生活情趣。也许是受她那位著名围棋教练丈夫的影响，王蕾一女同志，象棋盘上却巾帼不让须眉，不少好强且不肯服输的小伙子都常是她的手下败将；她还曾参加中南五省职工象棋比赛并获得好名次。王蕾打扑克牌时算无遗策，不动声色间好像是看着你的牌在出，让我们这些只凭“跟着感觉走”的牌手总是输多赢少。王蕾生在桂林江边，水性极好，轻轻松松就能游上 3000 米，最绝的是她还能躺在水上睡觉，就那么一动不动漂在水面上半个小时也不沉。退休后，王蕾专练乒乓球，短短 3 年，就获得了省直机关老干部运动会乒乓球女子单打冠军！

王蕾处长退休已经 9 年了。退休后她发现，以往因自己把关较严认为可能得罪了的人，现在对她却并无芥蒂。就说常代她买车票的那位小张，当初因冬天经常骑摩托车到火车站为运动员购车票，又远又冷，好不容易说动领导同意给他买一件皮衣，兴冲冲拿着报告去找自认为关系不错的王蕾，却被王蕾软软一句“劳保制度没有这个规定”挡了横，到最后也没买成，差点气歪了鼻子！现在他不仅多次为王蕾回桂林订车票，还率直地告诉王蕾“虽然你不同意给我买皮衣，但我还是愿意帮你买车票!”小张是这样，体育局和所属单位上上下下大多数同志也都是这样。

孟子说：“权，然后知轻重；度，然后知长短。物皆然，心为甚。”人心自有一杆秤。

2009 年 7 月

厅长胡树理

我认识胡厅长，是从那件小事开始的。

那时我刚参加工作不久，一天下午下班，在处里老同志的帮助下，我把刚换的一个煤气罐搬到自行车的后支架上，准备推回家。由于没找到绳子，我只能用支架上的夹子将煤气罐凑合着一夹了事。我的自行车是26型，车子小支架细，圆滚滚的煤气罐既粗壮又沉重，细细的夹子根本夹不牢。没办法，我只能用一只手握自行车把，另一只手扶着后支架上的煤气罐。

刚一推动车子，麻烦就来了：车子前轻后重，就像是一头沉的跷跷板，加上我是一只手扶车把，很不稳，前车轮一个劲儿想往上翘；另一只手扶煤气罐也是有劲儿使不上，煤气罐只管随意地在车架上前后晃悠，难以掌控。我亦步亦趋小心翼翼地往前推车，没走多远就紧张得出了一头汗。又勉强走了一段，觉得实在不行，我就想干脆把煤气罐推回单位卸下来算了。谁知一只手扶车把想把车子拐回去也是万难！根本调不过车头。看看往家走路途还远，想掉转车头回去又没那本事，站在厅门口的马路边上，我进退两难。

忽然，我感到后支架上的煤气罐不摇晃了，车把也一下子稳当多了，扭头一看，原来是刚下班的胡树理副厅长帮我牢牢地扶住了车子和煤气罐。他一出厅门口见我推着煤气罐在路边愣怔，就过来帮我。他笑道："不好推吧？你不用扶煤气罐了，只管推车吧，咱们一路走，我帮你扶着！"两只手扶着车把自然稳当多了，有胡厅长扶着煤气罐，我再也不用操心它会掉下来，一颗悬着的心总算落地，推着车我走得一阵风似的。

很快，我们走到了省税务局家属院门口，胡副厅长到家了。我停下车对他说："谢谢胡厅长，您回去吧。”但胡副厅长却并没有停下的意思，他扶着煤气罐说：“走吧，你还远，我送送你。”到这里，离我家还有一大半路，我怎么能让厅长专门去送我呢？我忙说：“不用了，您回家吧！我慢慢走就行了。”“走吧，别客气！”胡副厅长不由分说地推动了车子。我只好扶稳车把，加快了脚步。

胡副厅长一直帮我把煤气罐送到我家楼下，等我大哥闻讯下楼卸下煤气罐，他才告辞。站在家属院门口，看着胡副厅长渐渐远去的背影，我心里充满了感激！

后来，胡树理副厅长成为财政厅厅长。我印象很深的是，他办公室的门总是敞开着，无论是厅里、省直单位还是地市的同志，不必请示，也不必敲门，谁都可以随时进去，不像有的厅领导那样，办公室的门总是紧闭，又是秘书把门又是事先预约的，让下属难得一见。在胡厅长那里，不仅办公室大门总是敞开，而且无论谁进去都会受到胡厅长的热情接待。他认真倾听你反映的问题，耐心解释相关情况和政策规定，态度平易谦和，对人真挚坦诚。你反映的问题能解决或是不能解决，自有规定可遵可循，但胡厅长与你一番坦诚的交流，会让你感到被尊重和理解，让你感到心灵的放松和安慰。一次我来到胡厅长办公室，向他汇报时抱怨给我们处增加的经费太少了。胡厅长笑道："呵！你这个小邹胃口还真不小啊！增加了几百万还嫌少。看来以后真得找机会把你派到乡镇财政所去农村收收税。你知道吗，税务员有时一天跑几个山头，才能收上几块钱的税！"后来我才知道，胡厅长就是从基层财税部门一步步干起来的。他深知国家税收来之不易，深知财政部门为民理财责任重大。我们省是一个大省，也是一个财政比较困难的穷省，钱少而要办的事多，面对各方面送来的大量追加经费申请，他殚精竭虑，精打细算，为国家理财把关，把有限的资金用在最需要的地方。从胡厅长那里，我感受到了财政人肩上那份沉甸甸的责任。我记住了这份责任。

后来经过在省委党校学习，我对什么是优秀的领导者有了一个更加理性的认识：领导者的影响力主要来自两个方面：一是来自职位权力，即奖赏权、惩罚权和合法权等。这种权力是上级和组织赋予的，随着职务的变动而变动，在职就有权，不在职就无权。人们往往是出于压力和习惯，不得不服从这种职位权力。二是来自个人权力，如高尚的品德，正直的作风，丰富的经验，卓越的工作能力等。这是优秀的领导者自身所具有的，是人们心甘情愿拥戴的，是长远的，不会随着职位的消失而消失。一个合格的领导者，首先要使用个人权力，必要时才使用职位权力。胡厅长正是凭着正直民主的作风、精湛扎实的业务、谦和平易的为人、对人的平等和尊重等自身的人格魅力，卓有成效地行使着他的领导，受到全厅干部职工的爱戴和尊重。

1996 年

财政工作琐记

“提篮小麦”与“提篮黄豆”

早上一上班，预算处的赵金丽老师就堵着我们行财处事业组办公室的门要省直行政事业单位决算来了。她站在门口往里一看，不由得气愤地叫了起来：“哟，一人一张报，你们可真清闲哪！活儿都干完了吧？好，把你们的决算都交上来吧！就差你们的了（注：当时行财处、农财处两个业务处分别审核和汇总分管单位的决算，然后由预算处统一汇总省直行政事业单位决算）。老是让我左催右催的，你们早该给我送去了！我就只等着你们处的决算报来后开始省直决算汇总呢！”

我扭头看看她（我背对门坐），又扫了一眼我们事业组一竖溜儿两两相对的四张办公桌上的四个人，还真是人手一张报，整齐划一！大家坐在我刚打扫过的干净整齐、灯光明亮的办公室里，呼吸着从敞开的窗子蜂拥而进的清新空气看着报，很是惬意。再看看赵金丽老师的着急，我很感抱歉。可我新来不久，还没有分管什么业务，审决算插不上手，只能等他们汇完报表后我再负责复写，现时也只能看看报什么的。

照例，和我们组里的同志打过招呼后，赵金丽又开始了重点出击，目标自然还是那个老任。鉴于他们当年在干校共过患难的那段老交情，她莅临我们办公室时从来没轻饶过老任。

“喂，老任，别没事儿人似的，赶快先把你的工交商决算交出来!”

老任被点了名，不情愿地放下手里的报纸，低头从老花镜上方盯着赵金丽看看，只能应战。只见他取下老花镜，挠一下已不多的几根稀疏花白头发，冲着赵金丽笑笑，然后唇枪舌剑开始反击。

“噢，我当是谁呢，原来是赵大小姐下凡了！恁厉害。告诉你，我的决算还有几个单位没改完呢，你慌啥。早一天汇完也不奖你个啥。要说看报，这是我们学习得好……”

“好，谁能有你学得好！”赵金丽不客气地打断他，冲着我们揭起老任的老底儿，“想当年在干校，上面让学唱样板戏，老任学得挺卖劲，唱到《红灯记》‘提篮小卖’这一段时，老任唱着唱着心里就犯起了嘀咕，奇怪地问我‘咦，提篮小麦，咋不提篮黄豆呢？’”

“哈哈哈哈……”办公室顿时爆发起一阵大笑，直笑得人肚子疼！我一边笑一边想象着老任当时满心疑惑不解的可笑劲：明明心里不明就里，嘴上还唱得挺卖劲儿，边唱心里边纳闷，到底为什么要提篮小麦而不是提篮黄豆？我越想越可笑，好容易忍住笑，对赵金丽老师说：“那更能说明我们任老师学习的好，理解的唱，不理解的也要唱！虽然不知道为啥要‘提篮小麦’而不‘提篮黄豆’，但毫不妨碍任老师大力学唱样板戏！”

“就是就是，”我身后的老尹接着说：“人家老任是理解的要唱，不理解的唱得更响！执行老人家的指示最坚决，对革命样板戏也最热爱。管他是提小麦还是提黄豆呢，照唱就是！哈哈哈哈……”，老尹说着自己忍不住又大笑起来。大伙儿也跟着又是一阵大笑。

1981 年 3 月（初稿）

一次出差赶火车经历

20 世纪 80 年代初，我毕业分配到财政厅行财处，一上班就投入到了紧张的省级行政事业单位决算编审工作中，按照事业组王新德组长的安排，负责复写一式五份的全套决算报表。从此，随着一年年的预、决算编审，我一步步成长为先是王组长后是王副处长的得力助手。每年年初，我们忙完预算忙决算，忙完省级决算又忙全省决算，等省级和全省决算数据都汇总后，我还要负责复写完这套决算报表再复写那套决算报表。一切忙完，我就要准备着跟随王副处长出差，去参加财政部组织的全国行政事业单位决算会审会了。

这一年，又要准备去参加全国决算会审会了。早早地，我们就整理好会审会用的决算报表和资料，订好较难买到的硬卧车票，万事齐备，只待出发。会议报到的前一天，我拎着手提袋，跟随王副处长，挤上了开往火车站的公共汽车。

老旧的公交车呼哧呼哧喘着粗气，拉着满满的一车人，开动了。沿着花园路站、紫荆山大楼站、人民路站一路前行，开向火车站。当车快开到百货大楼站时，忽然停了下来，而且好大一阵子也不见再开动。怎么回事？我伸长脖颈透过拥挤的人缝往车前方张望，只见前面的车排成了长队，全都趴窝不动了。前方到底发生了什么事？看我毛里毛糙沉不住气的样子，一向沉着稳健好脾气的王副处长抬腕看看手表，对我说："不着急，咱们的时间很宽裕。"

时间一分分过去，又等了好半天，仍不见车有任何开动的意思。我一面自语着"怎么还不开车呀？"一面又开始左顾右盼。回头看看王副处长，只见他一手握着车扶手，一手拎着手提袋，钉子似的站在那里，面色平静不急不躁。于是，我又安生下来。

又等。又等。长长的等待。满车人都开始不耐烦了。这时，司机早已主动地把车门打开，任凭乘客上下车自便。终于，沉稳的王副处长的忍耐也到头了，只听他说“不行，要晚了。小邹，咱们也下车吧！”下车怎么办呢？离火车站还远着呢。我心中疑惑，也不便问，只能紧赶两步跟着王副处长下了车。

我拎着沉甸甸的手提袋，颠儿颠儿地跟在王副处长身后，在满街都成停车场的车流夹缝中穿行，快步往前赶了好一阵子，终于走出了那截拥堵路段。这时，才知道堵车是因为出了交通事故。那时社会上基本上没有私家车，单位公车也寥寥无几，不是出现特殊情况，怎么会堵车呢！

很快，王副处长拦下了一辆人力脚踏三轮车。我们迅速上车，催促师傅快骑，说赶火车要晚点了。

此时距火车站还有一多半的路程，师傅吃力地蹬着车，伴随着车链条剐蹭的“呱、呱”声前行。我们催促又催促，师傅紧赶加慢赶，好不容易，火车站入口远远可见了！不幸的是，眼睁睁地，我们看见工作人员正在关闭进站口的大铁门！刻不容缓，我们急匆匆跳下车，付钱，拎着手提袋就开始狂奔。但等我们气喘吁吁跑到大铁门哪儿时，门已挂上链子上了锁，铁面无情，谢绝入内了。

站在紧闭的大铁门前，我们满头是汗，面面相觑，狼狈之极。没办法，只能去旁边的车站大厅退票。我们心疼地退掉了好不容易买来的硬卧车票，无奈地买了两张第二天晚上的硬座票，怀着满心的窝囊，回家。

第二天，我们坐着火车硬座摇晃了一夜，下车后直奔会场，但还是免不了已迟到。我们顾不上疲惫，草草洗把脸、吃点饭，即刻去报到处领上一把算盘，投入了紧张的决算会审。

2015 年 11 月

难忘那碗井水捞面条

在财政厅行财处工作多年，到地市和省直单位搞调研时就地吃饭也不计其数，但让我一直难以忘记的，是在 K 市蔬菜研究所调研时吃的那碗井水捞面条。

那是20世纪90年代中期的一个冬天，省会出现了冬储大白菜供应难的问题，很多市民连日排队也没能买到足够的冬储大白菜，对此很有意见。那时，冬天可吃的蔬菜远不及现在这么丰富，萝卜白菜几乎占据了冬季市民餐桌的全部，冬储大白菜供应困难，直接影响到了群众的生活，对此，政府不能坐视不管。从媒体报道和记者调查反馈的信息来看，造成当年冬储大白菜供不应求的主要原因是优质大白菜种子供应短缺，郊区菜农无法扩大白菜种植面积。为解决省会冬储大白菜供应问题，我们与省科委条件处协商，准备拿出一笔省级科研专款，扶持省、市农业科研院所，加大对白菜优良品种的培植繁育，以保证来年冬储菜的供应。

为科学合理安排好这笔科研专款，财政和科委两个单位组成了调研组，到省、市申报这笔科研专款的农科院所调查了解情况，一方面检查实验室设备和实验用地情况；另一方面核实科研专款申报材料。这天一上班，我就和科委条件处宰处长等人坐车出发，直奔省属科研单位K市蔬菜研究所。

一个小时后来到所里。我们先查看了楼内实验室的设备，又看了楼外实验田的种植情况，然后回到会议室坐下来，听所长和几位科技人员介绍情况。

虽是省属科研单位，但蔬菜所的会议室却实在是简陋：房间中间，拼对了几张简单粗糙的办公桌就成了会议桌，桌子周围，摆了一圈长条大板凳，就像旧时茶馆里的那种长凳，其他就没有什么设施了。头顶上悬着一架老式吊扇，伴随着“吱扭吱扭”的杂音卖力地旋转着，但速度仍然很慢，没给人带来多少凉风。屋子小、人多、天又热，我们个个热得汗流浃背，各自用本子、报纸以及手边一切可用的工具自助扇凉。

边汇报边讨论，一直说到中午12点多，因出汗多消耗大大家都感到饥肠辘辘了，这时，就听所长一声招呼，立刻鱼贯进来几位同志，每人手上端着两个大碗，笑吟吟地在我们每人面前放下一个。那是一个比我的脸还大上一圈的粗瓷大碗，里面盛的是西红柿鸡蛋捞面条。所长豪爽热情地招呼我们：

“来来来，吃饭吃饭，菜都是自己种的，面条刚过了井水！”

我早已饿了，也不客气，端过碗抄起筷子立刻开吃，嘿，真是清凉爽口！一筷子面条下肚，浑身舒服！正快意着，就觉得旁边宰处长在桌子下用手碰碰我的胳膊，低头一看，他正塞过来几瓣大蒜！我不由心中暗笑：这个宰处长，想的还真是周到！想到自己平时不大强健的肠胃，觉得这大蒜真好比是及时雨，免去为饱一时口福而惹起腹中之忧。于是我们几个也顾不上大蒜有碍他人的气味，只管就着面条“咔嚓咔嚓”大嚼了起来，偶尔，笑嘻嘻抬头相互一望，心领神会，都是一个字“爽！”

稀里呼噜一阵猛吃，十分钟不到，场光地净。来人收走碗筷，我们就地不动，打开笔记本又继续开会。

调研结束后的返程车上，我调侃宰处长：“宰处长不愧是南方人，活得真是仔细！出差时还不忘随身带几头大蒜。”宰处长 50 岁左右，为人豪爽仗义，又不乏南方人的细致，做得一手好菜肴，我还曾专门到他家去学习过做米酒。此时他笑道：“保证女士身体健康，我们是得多操点心嘛。况且，我这也是有前车之鉴哪。”说完我们几个一起都笑了起来。我说：“好，宰处长，这次我又跟你学了一手，以后出差，我也要记着带几头大蒜！”

十多年过去，后来再下去调研，接待、就餐的程序日渐繁杂，有在公路收费站口交接班似的迎来送往的，有叙谈、吃饭长达好几个小时的，让人感到既疲惫又伤脑筋。每当这时，想起 K 市蔬菜研究所那碗井水捞面条，心中便生出许多感慨来。

2014 年 7 月

学写公文

撰写公文是机关工作人员必须具备的一项基本功。能较好地掌握公文写作技能，在工作中通过发现问题、分析问题、提出有针对性的政策建议，最终被领导采纳并能发挥一定作用，实在是件令人欣慰的事。

回想起来，我学写公文的起步实在是很不美妙。

我参加工作不久，处里准备召开一次全省行政事业单位财务管理经验交流会，各地市报来不少经验材料，需要筛选和修改。于是，袁志英处长带着我来到财政厅招待所，边接待地市来报材料的同志边看材料，同时与地方的同志研究被选中的材料需修改之处。那时我还不太认识地市财政部门的同志，加上一向不善于和人搭讪交流，所以只是埋头看材料。

我到行财处时间不长，对行政事业单位财务管理的业务尚不熟悉，公文水平也不高，虽然参加工作时在登记表的“特长”栏硬着头皮填上了“写作”两字，但那不过是不想让自己看起来一无所能而已。面对那堆经验材料，我翻来覆去地看，觉得篇篇都写得不错，都说得头头是道、有理有据，实在提不出什么修改意见。但我们的任务就是筛选好的经验材料在大会上交流，总不能将几十篇都选上吧？我感到很为难。有时认认真真看上一天，也提不出多少像样的修改意见。看看袁处长，他一边要接待地市来报材料、改材料的同志，一边还要插空看材料，忙得不可开交。他耐心地与地市同志讲材料怎么修改：哪里层次不清楚要调整，哪里经验讲得不够明白要加强，哪里与主题无关要删减，等等，一五一十说得清清楚楚。我看着听着，心里很是羡慕：处长可真会写呀！袁处长是位“三八式”老干部，抗日战争时期参加革命，打仗时腿上受过枪伤，至今走起路来还略显跛足。以前我只感到他工作敬业，为人和气说话风趣没架子，这次随他一同工作，才发现他的文字水平也很了得！我深感惭愧，觉得自己没帮上处长什么忙，辜负了处长的信任。

后来，在工作中我就有意识地认真学习，努力提高自己的公文写作水平。每一篇公文写完后，我都要反复修改反复看，直到满意为止；对以前没写过的公文文体，就先查该类公文的写作要求，然后再比葫芦画瓢。我发现，虽然公文写作不同于文学性作品，不需要多余的修辞，只要观点明确，条理清楚，言简意赅即可，但要想使其具有说服力，还是很需要一些写作技巧的。比如，可以通过严谨的结构，层层递进地阐述观点，列举有效例证等方法，使公文形成一种气势，去影响和说服别人采纳你的意见和建议。工作不怕干，越干越会干。随着工作时间渐长和业务经验积累，我的公文水平逐渐有了一些提高，偶尔，也能在内部信息之类上发一两篇短文。但也许是当年留下的后遗症吧，一直以来，我都只能按照自己的思路去撰写文章，而对修改别人的文章始终没多少门道。随着履职所需，每当需要动笔修改别人的文章时，我都是用铅笔，以便随时可以对自己的修改反悔。一旦反悔，用橡皮“噌噌噌”一擦，了无痕迹，倘若用了钢笔，那再想反悔可就难了。我的这种公文水平，与我的岗位履职要求很不相称。

一次司里开会，一位处长拿着份材料在我身边坐下，显然，他打算在会上忙中偷闲干点“私活”。只见他耳朵听会，手上不失时机地修改那份材料。他快速地翻看材料，胸有成竹地用钢笔这里勾上一大段，画个框，笔一圈，删除；那里拉出一条线，加一大段话，圈住，增加；一会儿又大笔一圈，删除几个字；一会儿又画出标识，要求把后面的段落前移——不大一会儿工夫，那材料就被他修改得面目全非！我坐在一旁，对他的大刀阔斧和下笔果断很是佩服，同时更为自己修改文章的吃力而沮丧。

一次我撰写了一份专题报告，11 页，6000 多字。写这份材料我下了很大功夫，星期天到单位，把地方省市报来的 20 多份材料全部认真看过，将其中反映的问题一一在纸上列出来；再列出每个问题各省市反映的集中度（次数），从中找出共性问题；然后分析问题产生原因，选择最能说明问题产生原因的例证；最后提出解决问题的政策建议。报告上报后，领导认为内容尚可，但篇幅太长，若进一步上报，需要大幅度压缩。要求篇幅不能超过 3 页，字数在 1500 字以内。

领到压缩报告篇幅的任务后，我有一种莫名其妙的兴奋！究其原因，除了领导对报告内容的认可外，更多的是：这种压缩和修改，将是对我公文写作水平一个很好的锻炼！平时修改文章，可能会因自身惰性而有所迁就，而这种刚性任务是不容惰性的。我乐意接受这项任务！

又是一个星期天，我早早来到办公室，在电脑上修改报告。我一行行一页页地过，大幅压缩和删减那些属于介绍性、说明性的文字和一些一般性例证，第一遍删减下来，报告减至8页。第二遍删减，又将报告中反映的问题该合并的合并，该删减的删减，对必须保留的例证进行精练和压缩，删减下来，还有6页。第三遍删减，省略一切可以省略的文字，还剩5页。再删减，还剩4页半。再往后，我翻来覆去地看，字斟句酌、反复琢磨，一直到晚上7点多，搞得头懵眼花，也实在再难以减下来了。心想，这文章即便是光要骨头不要肉，也不能让它伤筋动骨吧！带着4页半文字回到家，晚上躺在床上继续想。第二天一早起来，我又对稿子作了些修改，到办公室打印出来，整整4页。老实说，为了不超过4页，我连能省的标点符号都省掉了，实在已是黔驴技穷！

报告送给司领导，经过修改，文字又减了半页，还剩3页半。报部领导修改后发回的稿子，差几行不到3页，仅1400来字。然后，上报。

经过这么几轮修改，专题报告由一个膀大腰圆的大块头变成了一个窈窕淑女。虽言简意赅，但反映的问题和所提建议并未因字少而逊色。对此，我深有感触！在办公室，我把前前后后不同人修改的几个稿子摆在桌上，一篇篇对照着，反复看、反复琢磨，查看每一稿的修改之处，揣摩其修改的原因，思考和领悟其中的奥妙。

后来，我接到编辑一本行政事业单位管理会计案例书的任务。这时我惊奇地发现，对修改稿件我不但不再感到困难，甚至还有了点得心应手的感觉！比如，同类的两篇文章，选哪篇不选哪篇；哪篇文章虽糙但有修改价值，哪篇文章虽文笔流畅却没修改价值；哪篇文章结构较乱，但瑕不掩瑜可重新调整；哪篇文章虽啰里啰嗦但有内容，要大刀阔斧地精简；哪篇文章重点不够突出要进一步补充材料——对每篇稿子如何修改，心里都比较有数，能够较轻松地提出修改意见。

我感到欣喜。我想，这就是我多年坚持学写公文的结果吧。一个人的公文撰写水平，是要在不断的学习和锤炼中，才能逐步提高的。

2016 年 3 月

办公楼里的图书馆

初到财政部工作，一日，我在老办公楼里东拐西拐迷失了方向，忽然间，就站在了这间办公楼里的图书馆门口。探头朝里望望，只见里面灯光明亮，满屋、满架子都是书，顿时，让我一扫迷路之不爽，心花怒放！

多年以来，我对距离较远的图书馆和其繁琐的借阅手续总是望而生畏。因此，尽管喜欢读书，却很少踏进图书馆的门，平时看的书，大多是自己买的。记得当年在省财政厅时，有段时间，为方便读者，省图书馆开展了“流动图书馆”的活动，根据省直各单位统计的借阅书目开车到单位送书，服务上门，大大方便了我的阅读。但结果是好景不长、昙花一现。随着流动图书馆短暂的美好时光无息而终，我和图书馆又一次拉开了距离。现在可好，图书馆就设在办公楼里，我办公在三楼，它在一楼，图书馆大门正对着楼梯，下楼便可径直而入，极其方便。从此，我就成了这间图书馆的常客。

图书馆的面积约 80 多平方米，有两个大办公室那么大，窗明几净，光线充足。一排排整齐有序的书架上，按照不同类别排列着经济类、传记类、小说类、法律类等各类图书，类别划分清晰，选书十分容易。工作人员热情耐心，服务周到，借阅的人不是很多，任由你在那里随意翻看。

进了这间图书馆后，使我强烈感到了以前自己读书的局限性。由于以前主要是买书看，全凭自己的兴趣和爱好，面窄而单一，而这间图书馆大大拓展了我的视野，任我随意浏览和挑选，让我得以随着阅读各位大师的作品，一本本，一步步，走入他们的领域，认识和了解了他们，不断丰富和充实自己。

在这里，我第一次知道并了解了叶嘉莹，阅读和学习了她的中国古代诗词系列讲座，尤其是那本《唐宋词十七讲》，书读完，我的笔记也记满了一本。我阅读了《王国维传》，又进一步阅读了他的《人间词话》和《王国维论词曲》，完了不过瘾，又到书店买了两本放入自己的书架心里才算踏实。阅读了有关辜鸿铭的两本传记，了解了这位始终留着长辫子、被人视为怪人和老保守的北大教授，却原来是生在南洋、学在西洋，13 岁出国，在欧洲游学长达 14 年之久，回国后从不会讲国文到精通中国古典文化。不管历史将对他如何评价，但他渊博的学识，罕见的语言天赋，不盲从、不改变、直言坦荡的性格，还是给人留下了深刻的印象。阅读了《陈寅恪和傅斯年》，了解了这两位大师的生平简历和 20 世纪三四十年代中国文化和历史发展的脉络。阅读了姚明传记《我的世界我的梦》，它强烈震动了我，引发我深入反思，极其有效地支持我度过了那段由于工作调动带来的失落和不适应。阅读了《留学时代》《思痛录》《成长》《徐铸成回忆录》《陈寅恪家世》等传记，传主们不同的人生经历和相同的不屈不挠的奋斗精神激励着我，去更加努力地学习，并力争把每一件工作都干到自己能力的最好。我还阅读了梁实秋、杨绛、丰子恺、吴祖光、季羡林、余秋雨等人的作品和传记，以及一些古典名著——随着阅读，我不断地拓宽视野、开阔心胸，增加工作学习的动力；不断检视自己的弱点，修正自己的航程。

图书馆那些人性化的管理和规定，也很让人感到温暖和感动。例如，凡是因你的推荐而购买的书，买来后你将是第一个读者。当我几度取得首次借阅权，接到电话通知去图书室取回夹着推荐者名字标签的崭新的图书时，心中都涌动着一种深深的感动！同其他图书馆一样，这个图书馆也有一套图书借阅的规定，诸如逾期罚款等，但一般是在图书快要到归还期限时，图书馆的自动提示电话会提前打到你的办公室，提醒你及时去续借或归还。如因出差或其他原因没能及时去归还，管理员也只会给你一声温馨的提示，并无责备和处罚，而这时，我却会发自内心地向他们道一声“对不起”，并在以后借阅中注意自我约束，及时续借或归还，执行图书馆的各项管理规定。

我喜欢这间办公楼里的图书馆！

走出学校大门，只是人生一段学习的结束；踏入社会工作岗位，则是另一段学习的开始。这另一段学习，除了在工作中努力学习相关业务知识外，还应选择一个适合于自己的进行继续教育的途径，为自己不断充电。这间办公楼里的图书馆，就是我的继续教育学校。

2007 年 11 月

办公楼里的图书馆

总会计师应依法履职，
而不是个摆设

在一次朋友聚会上，我与一位刚结识的朋友聊天时，得知他在一个事业单位任总会计师，出于职业的兴趣，我问他："你这个总会计师最近在单位主要都抓了哪些工作？有管理会计方面的吗？"

我这一问不打紧，他竟大感兴趣地反问我："对了，我正想请教请教你们专业人士，总会计师在单位究竟是干什么的？"

我不禁愕然：自己身为总会计师，且已在单位干了好几年总会计师，却不知道总会计师是干什么的！

我告诉他，按照国家《总会计师条例》规定，总

会计师主要负责组织领导本单位的财务管理、预算管理、会计核算和监督等方面的工作，还参与本单位重要经济问题的分析和决策等。

他听了很是惊奇："还有一个《总会计师条例》?！我怎么从来就没听说过？而且，我的职位虽然是总会计师，但单位并没有让我管过会计和财务。在我们单位，总会计师就是一个副司（局）级干部职位而已。不过这下好了，最近我们单位又提拔了一个干部，他成了总会计师了，我就要让贤了。但据我所知，这一位新提拔的总会计师是搞工程出身的，和财务从来没沾过边。"看我眨巴一下眼似有不屑之意，他又反问一句："你们单位的总会计师干得不错吧?"

这一问不当紧，我一想，竟也是张口结舌了！

"还真和你们一样，我们单位的总会计师也和财务会计业务什么的不沾边，也就是司级领导职位的最末一位。谁最后提拔谁就是总会计师，一旦再有人提拔，原总会计师就挪位成了副司长。也许，叫司长什么的比叫总会计师听着更像领导吧。"在座的几个人都笑了起来。

那位朋友说："看来，各单位行情都一样。你们财经专业的部委还是这样，也难怪别人都不执行《总会计师条例》了。"

我默然。

1990 年 12 月国务院发布、2011 年 1 月修订的《总会计师条例》规定，在全民所有制大中型企业、事业单位和主管部门设立总会计师岗位。其目的就是要保证单位执行国家有关财经法律、法规、方针、政策和制度，保护国家财产安全，加强对单位财务会计工作的领导。《总会计师条例》规定总会计师必须具备的任职条件有"取得会计师任职资格后，主管一个单位或者单位内一个重要方面的财务会计工作时间不少于三年；熟悉国家财经法律、法规、方针、政策和制度，掌握现代化管理的有关知识"等。《总会计师条例》实施这么多年来，总会计师履行职责的情况，从企业来看还好些；而在一些事业单位，不过是将设立总会计师岗位当作单位增加了一个领导指数而已，任命的总会计师要么不具备任职资质和相关业务水平，无法履职；要么有其名无其实、在其位没有谋其政。

为了落实《总会计师条例》，坚持依法治国、依法行政，建议：

首先，组织部门在考核任命行政事业单位总会计师人选时，应严格执行《总会计师条例》规定的任职资格要求，不能把不具备任职要求的人选安排到这个应具备相关专业知识的岗位上，防止出现业务能力和岗位履职要求不相适应，在其位不能谋其政。

其次，总会计师到岗后，应严格按照《总会计师条例》规定的职责履职。如单位出现违反法律、法规、方针、政策和财经制度，致使国家利益遭受损失的，需承担相应责任。不应出现岗位履职的“法盲”。

最后，相关监督部门如人大、组织和财政部门，应依据《总会计师条例》规定，定期对企事业单位总会计师依法履职情况进行检查，让总会计师在单位切实发挥其应有的作用。

党的十八届四中全会做出《关于全面推进依法治国若干重大问题的决定》，习近平总书记在决定“说明”中指出：“法律的生命力在于实施，法律的权威也在于实施。”事业单位对于设置总会计师岗位的法盲应当扫一扫了，不然，法盲在其位，怎么能完成“条例”赋予的职责？如果总会计师岗位的任职与履职“牛头不对马嘴”，就难以保证国家法律、法规、方针、政策和财经制度的正确实施，那么，国家发布《总会计师条例》在企事业单位设置总会计师岗位，也就形同虚设，流于形式了。

2016 年 2 月

在行政事业单位推广和应用管理会计的思考和建议

最近，我参加了协会管理会计优秀论文评审工作。在对160多篇论文的阅读和评审过程中，我感到大大开阔了眼界。

在财政部门工作30多年，我一直从事行政事业单位预、决算和财务管理工作，眼光始终盯着行政事业单位，眼界局限在行政事业单位这一块，总是困惑于行政事业单位财务管理中几十年难以解决的“重预算、轻决算，重分配、轻管理”的问题，感到根治无良策。在审阅企业管理会计论文中，我感到很振奋：这么多的各级各类企业，上至中央企业集团公司副总、总会计师，下至分公司的财务总监、总会计师、会计师、基层加油站和储油库的财务人员，大家都在结合国家经济形势，认真思考，运用管理会计的理念和工具方法，分析查找本企业经营管理中存在的问题，出谋划策、想法想辙。比如，提出以管理提升和推动集团公司战略的落实，创造企业价值；研究资金流与物流的科学融合，提高资金周转率降低物流成本；转变企业重投资、轻回报的经营思维，探索实施资产轻量化管理提升企业资本效率和经营效率；研究构建加油站效益评价体系；研究业财融合；实行单元成本核算；通过信息系统即时反映、加强监管，等等，达到增值创效、降本增效，实现企业战略目标。160 多篇论文，呈现出一派研究、探索、群策群力、建言献策的欣欣向荣景象。相比之下，我深切感到管理会计在行政事业单位推广和应用中相对的冷清和寂寥。我想，如果行政事业单位能够借鉴企业的经验和做法，积极学习和运用管理会计理念和工具方法去改进财务管理，也会有效地提升资金使用效益。行政事业单位虽然不直接从事生产创造价值，但可以通过有效地利用资源间接增加价值!

企业和行政事业单位对管理会计的学习和运用之所以会产生不同的温差，我认为其根本原因，就是企业和行政事业单位不同的性质以及在市场经济中所处的不同地位，导致的思维方式和激励机制不同形成的差别。

企业是营利性组织，以实现企业价值最大化为目标。很多企业财务人员都在论文中提到，目前中国经济发展进入新常态，增速减缓，调结构，转变增长方式，经济全球化，市场竞争非常激烈，企业生存和发展的压力大，不进则退，就会被淘汰，就有生存危机，必须积极学习和运用先进的管理理念和管理方法，向管理要效益，才能在激烈的市场竞争中站稳脚跟、发展壮大。是市场竞争给了他们积极进取的动力和活力。

行政事业单位是非营利性组织，主要履行行政管理职能或实现社会事业发展目标。行政事业单位的经费主要靠国家财政供给，背靠大树，无生存之忧，不少人还处于计划经济的思维中。加上长期以来对行政事业单位财务管理和资金使用效益没有明确的考核指标和严格、公开的考核制度，无论单位财务管理水平高低、资金使用效益如何，都不影响其资金的拨付，违反财经法规的成本过低，等等，导致一些行政事业单位缺少学习先进管理理念和工具方法的动力和紧迫性，日复一日地过着衣食无忧的小康生活，延续着“重预算、轻决算，重分配、轻管理”的老做法。

2014 年 10 月，财政部发布了《关于全面推进管理会计体系建设的指导意见》，明确指出：“全面推进管理会计体系建设，是建立现代财政制度、推进国家治理体系和治理能力现代化的重要举措；……是激发管理活力，增强企业价值创造力，推进行政事业单位加强预算绩效管理、决算分析和评价的重要手段；是财政部门更好发挥政府作用，进一步深化会计改革，推动会计人才上水平、会计工作上层次、会计事业上台阶的重要方向。”“各单位负责人要切实履行会计工作职责，将管理会计工作纳入本单位整体战略，周密部署，积极稳妥地推进。”

管理会计是会计的重要分支，主要服务于单位内部管理需要，以服务“管理者”为根本，运用管理会计工具方法，参与单位规划、决策、控制、评价活动并为之提供有用信息，提升内部管理水平，提高行政事业单位资金使用效益，推动单位实现战略规划。管理会计的职能作用，从财务会计单纯的记账、报账和核算，扩展到解析过去、控制现在与筹划未来的有机结合。通过发展和培养管理会计，可以推动会计工作由核算向理财、管理和决策转变，推动会计人员从传统的记账、算账、报账的“账房先生”向理财者、管理者、决策参与者提升。

目前，也有一些行政事业单位开展了对于管理会计工具方法的学习和运用，并取得了明显成效，比如一些医院实行以战略为导向的全面预算管理，建立“全员参与、全额纳入、全程管控”的全面预算管理系统，确保医院各项发展目标的实现；一些医院实行病种成本管理的探索，以达到减轻患者负担、节约成本、提高资源使用效率的目的；一些高校开展了对院系预算管理状况评价指标体系的设计与探索，实现对院系预算管理状况的量化评价；一些科研单位对科研项目实行单元成本核算，加强了对科研成本的控制和对责任主体的考核；还有一些单位通过建设财务管理信息平台，实现了财务信息的集中统一管理，信息共享，实时监控，加强监督，规避风险。一些地方的财政部门开展了行之有效的预算绩效考核、决算分析和评价等。但毕竟，管理会计理念和工具方法还没有能够在行政事业单位广泛推广和应用。

为促进行政事业单位对管理会计理念和工具方法的学习运用，不断改进财务管理，提高管理水平和资金使用效益，我认为应从以下几方面着手：

一是打铁先要自身硬。首先要在财政部门内部广泛开展对管理会计工具方法的学习和运用，以此带动和指导行政事业单位的学习运用。贯彻落实财政部《关于全面推进管理会计体系建设的指导意见》不单单是财政部门会计机构的事；学习和运用管理会计工具方法改进管理、提高资金使用效益也不单单是企业和行政事业单位的事。各级财政部门，作为行政事业单位资金分配和使用管理的主管单位，其财务管理水平和管理要求如同风向标和导航仪，直接影响着行政事业单位，为其财务管理起着示范和引领作用。各级财政部门首先要带头学习和掌握管理会计理念和工具方法，才能更好地指导行政事业单位改进和加强资金管理，不能以其昏昏使人昭昭，自己不动只催着别人管理上台阶。

二是财政部门要增强助推力。行政事业单位自身学习和运用管理会计理念和工具方法动力不足或缺少紧迫感，就需要从外部增加助推力。最有效的方法就是：设计各种科学合理、行之有效、便于操作的预、决算考核评价指标；制定公开透明的考核办法；实行考核结果公示制度等。通过加强对各类行政事业单位财务管理水平和资金使用效益的考核，形成压力、增强动力，促使行政事业单位学习和运用管理会计工具方法，不断改进管理，节支增效。科学合理的考核指标、公开透明的考核办法和考核结果公示制度，将会起到“鲶鱼效应”，催生出充分的动力和无限的生命活力。

三是要加大行政事业单位应用管理会计工具方法实效和成功经验的宣传推广。《关于全面推进管理会计体系建设的指导意见》中指出："各级财政部门要组织管理会计经验交流和示范推广；要制定具体措施，加强对本地区管理会计工作的指导。"可以通过论坛、交流会和宣讲会等各种形式，大力宣传推广行政事业单位运用管理会计工具方法的成功经验，发挥其示范效应，促进管理会计在行政事业单位的广泛应用。

2015 年 10 月

探讨建立《部门决算分析评价指标体系》

随着部门决算的公开，财政资金使用效益问题愈发突出地提到了公众和财政财务人员面前。如何分析决算，评价决算，从中发现问题，改进和加强财政财务管理，提高资金使用效益？本文对此进行了思考和探索，初步设计出《部门决算分析评价指标体系》，对各级财政部门和各部门决算支出情况进行分析和评价。

部门决算分析评价指标体系拟由三部分组成：一是部门决算公开分析评价指标；二是部门决算分析评价指标；三是部门决算分析评价结果的使用。

分析评价指标设计：

一、部门决算公开分析评价指标

1. 部门决算公开完整性分析评价

2. 部门决算公开真实性分析评价

二、部门决算分析评价指标

1. 部门预算编制及预算对执行约束力分析评价

2. 部门收入支出结构分析评价

3. 部门项目资金使用情况分析评价

4. 部门人员控制及收支合理合规性分析评价

5. 部门负债情况分析评价

6. 部门人均开支情况分析评价

三、部门决算分析评价结果的使用

1. 部门决算分析评价结果的展示

2. 部门决算分析评价结果的使用

一、部门决算公开分析评价指标

部门决算公开后，作为上级财政部门如何对下级财政部门决算公开工作情况进行分析评价？各级财政部门如何对本级各部门决算公开情况进行分析评价？拟设计以下部门决算公开分析评价指标。

（一）上级财政部门对下级财政部门决算公开完整性分析评价指标

部门决算公开完整性分析评价指标。该指标主要通过已公开决算的部门财政拨款收入合计数占本级财政总决算支出比重，已公开决算的部门数占本级部门总数的比重，以及已公开部门决算报表的数量占部门决算报表（主、附表数）的比重，评价地方省市部门决算公开的完整性、广泛性、决算公开工作进度等。

1. 已公开决算的部门财政拨款收入合计数占本级财政总决算支出比重

其中：（1）已公开决算的部门公共预算财政拨款收入合计占财政总决算公共预算支出比重

（2）已公开决算的部门政府性基金预算财政拨款收入合计占财政总决算政府性基金预算支出比重

2. 已公开决算的部门数占本级部门总数的比重

3. 已公开部门决算报表的数量占部门决算报表（主、附表数）的比重

（二）财政部门对本级部门决算公开真实性分析评价指标

部门决算公开真实性分析评价指标。该指标主要用于分析评价本级部门决算公开数据的真实准确性。分析部门决算公开数据是否与财政决算批复数据一致；需分析填列的数据拆分是否规范合理。从而保证部门决算公开数据的真实准确性，提高政府信息公开的可靠性和公信力。

1. 部门决算公开的收入数与财政决算批复数的一致性

部门收入公开数与财政决算批复数的一致性

其中：公共预算财政拨款本年收入与批复数的一致性

政府性基金预算财政拨款本年收入与批复数的一致性

2. 部门决算公开的支出数与财政决算批复的一致性

（1）部门支出公开数与财政决算批复数的一致性

其中：公共预算财政拨款本年支出与批复数的一

致性

政府性基金预算财政拨款本年支出与批复

数的一致性

（2）公共预算财政拨款“基本支出”公开数与财政决算批复数的一致性

（3）公共预算财政拨款“项目支出”公开数与财政决算批复数的一致性

3. 部门决算公开的年末结转和结余数与财政决算批复数的一致性

部门年末结转和结余公开数与财政决算批复数的一致性

其中：公共预算财政拨款年末结转和结余与批复

数的一致性

政府性基金预算财政拨款年末结转和结余

与批复数的一致性

4. 公共预算财政拨款“三公”经费支出公开数与财政决算批复数的一致性

5. 部门财政拨款支出占部门总支出比重，与“三公”经费财政拨款支出公开数占部门“三公”经费总支

出比重、财政拨款公务用车公开数占部门年末汽车总数比重进行对比

（1）部门决算财政拨款支出占部门总支出比重

（2）财政拨款“三公”经费支出公开数占部门“三公”经费总支出比重

（3）财政拨款公务用车公开数占部门年末汽车总数比重

6.“三公”经费财政拨款支出公开数的车均、人均支出情况分析

（1）财政拨款公务用车购置费车均开支

（2）财政拨款出国费人均开支

（3）财政拨款公务接待费人均开支

（4）行政经费支出统计数人均开支

二、部门决算分析评价指标

（一）部门预算编制及预算对执行约束力分析评价指标

1. 部门预、决算收支对比分析评价指标

通过此项指标，评价部门年初预算编制的科学合

理性以及预算在年度执行中的约束力。

（1）部门决算收入与预算收入差异率

其中：财政拨款收入预、决算差异率

事业收入预、决算差异率

其他收入预、决算差异率

（2）部门决算支出与预算支出差异率

其中：基本支出预、决算差异率

项目支出预、决算差异率

（3）财政拨款支出预、决算差异率

其中：财政拨款基本支出预、决算差异率

财政拨款基本支出中人员经费预、决算差异率

财政拨款项目支出预、决算差异率

财政拨款项目支出中人员经费预、决算差异率

2. 部门年末结转和结余分析评价指标

通过此项指标，评价部门预算编制合理性及预算执行情况，了解结余资金在各部门的分布，以便合理有效地利用这些资金。

（1）结转和结余占本年收入合计比重

其中：财政拨款结转和结余占本年财政拨款收入比重

（2）基本支出结转和结余占年初基本支出预算比重

其中：财政拨款基本支出结转和结余占年初财政拨款基本支出预算比重

（3）项目支出结转和结余占年初项目支出预算比重

其中：财政拨款项目支出结转和结余占年初财政拨款项目支出预算比重

3. 年末事业基金、专用基金结余增减变动分析评价指标

通过此项指标，评价部门年末经费结余分配进入事业基金、专用基金情况及合理合规性，评价部门两项基金历年滚存结余情况。

（1）结余分配占本年收入合计比重

（2）结余分配（减：缴纳所得税、用事业基金弥补收支差额）与当年事业基金、专用基金（福利基

金）增加数对比

（3）事业基金结余比上年增长百分比

（4）人均事业基金结余数

（5）专用基金结余比上年增长百分比

（6）人均专用基金结余数

（二）收入支出结构分析评价指标

1. 收入结构分析评价指标

部门的收入包括财政拨款、事业收入、经营收入、其他收入、上级补助收入和附属单位缴款等6项来源。通过此项指标，可以了解各部门收入构成情况，评价部门年初预算各项收入编制的科学合理性，评价部门经费自给能力以及收入的合理合规性。

（1）财政拨款收入占部门总收入比重

（2）事业收入占总收入比重

（3）经营收入占总收入比重

（4）其他收入占总收入比重

其中：本级横向财政拨款收入占其他收入比重

非本级财政拨款收入占其他收入比重

2. 基本支出分析评价指标

通过此项指标，可以评价部门基本支出保障情况及经费宽紧度，评价部门支出结构的合理性，以便合理安排部门预算。

（1）基本支出占部门支出比重

其中：财政拨款基本支出占部门财政拨款支出比重

（2）人员经费支出占基本支出比重

其中：财政拨款人员经费支出占财政拨款基本支出比重

（3）人员经费中工资、津补贴、奖金、离退休费和住房改革支出所占比重

其中：财政拨款人员经费中工资、津补贴、奖金、离退休费和住房改革支出所占比重

（4）商品和服务支出占基本支出比重

其中：财政拨款商品和服务支出占财政拨款基本支出比重

（三）项目资金使用情况分析评价指标

1. 项目承担情况分析评价指标

通过此项指标，分析评价部门年度项目经费承担

情况。

(1) 年度承担项目数量

(2) 项目支出占部门总支出比重

其中：财政拨款项目支出占部门财政拨款支出比重

2. 项目支出结构分析评价指标

通过此项指标，分析评价项目资金使用情况。

(1) 人员经费支出占项目支出比重

其中：项目财政拨款人员经费支出占项目财政拨款支出比重

(2) 项目人员经费支出中工资津补贴、离退休费和住房改革支出占比重

其中：财政拨款项目人员经费支出中工资津补贴、离退休费和住房改革支出占比重

(3) 商品和服务支出占项目支出比重

其中：财政拨款商品和服务支出占项目财政拨款支出比重

(4) 基本建设支出和其他资本性支出占项目支出比重

其中：财政拨款基本建设支出和其他资本性支出占项目财政拨款支出比重

3. 项目完成情况分析评价指标

通过此项指标，分析评价部门项目预算编制科学合理性、项目支出计划完成情况以及资金使用情况。

（1）项目计划完成时限和实际完成时限对比

（2）项目支出预、决算对比

其中：项目财政拨款支出预、决算对比

（3）项目结余分配数占非财政资金结转和结余分配比重

（4）项目支出形成固定资产比重

其中：当年新增固定资产价值占项目支出比重

当年新增固定资产价值占项目支出中基本建设支出和其他资本性支出比重

（四）部门人员控制和收支合理合规性分析评价指标

1. 部门人员编制控制情况分析评价指标

通过此项指标，分析评价部门人员编制控制情况、离退休人员占比重及增减变动合理性。

（1）部门在职人员超编情况（与编制部门下达的编制数对比）

（2）部门在职人员预、决算对比

（3）本年离退休人员增减情况

其中：行政单位离退休人员增减情况

（4）部门离退休人员占在职人员比重

其中：行政单位离退休人员占行政在职人员比重

2. 部门国有资产收益分析评价指标

通过此项指标，分析评价部门房屋占用宽紧度、房屋出租出借收入和资产处置收入按规定上缴情况。

（1）行政单位房屋出租出借收入占年末房屋价值比重

（2）行政单位房屋出租出借收入上缴财政比重

（3）事业单位房屋出租出借收入占年末房屋价值比重

（4）行政、事业单位资产处置收入上缴财政比重

3. “支出经济分类”科目使用的合理合规性分析评价指标

通过此项指标，分析评价部门支出科目的使用情

况及支出列支的合理合规性。

（1）“其他工资福利支出”占工资福利支出的比重

其中：财政拨款“其他工资福利支出”占财政拨款工资福利支出比重

（2）“其他商品和服务支出”占商品和服务支出比重

其中：财政拨款“其他商品和服务支出”占财政拨款商品和服务支出比重

（3）“其他对个人和家庭的补助支出”占对个人和家庭的补助支出比重

其中：财政拨款“其他对个人和家庭的补助支出”占财政拨款对个人和家庭的补助支出比重

（4）“其他基本建设支出”占基本建设支出比重

其中：财政拨款“其他基本建设支出”占财政拨款基本建设支出比重

（5）“其他资本性支出”占资本性支出比重

其中：财政拨款“其他资本性支出”占财政拨款资本性支出比重

（6）“其他对企事业单位的补贴支出”占对企事业单位的补贴支出比重

其中：财政拨款“其他对企事业单位的补贴支出”占财政拨款对企事业单位的补贴支出比重

（7）支出经济分类各款“其他”支出合计占总支出比重

其中：财政拨款各款“其他”支出占财政拨款支出比重

（五）部门负债情况分析评价指标

按照会计制度规定，部门年末应及时清理往来款项，该列收入列收入，该列支出列支出。通过此项指标，分析评价各部门负债情况，防范风险，防止不规范的负债因素影响决算数据真实性。

（1）部门负债占本年收入比重

其中：借入款项占本年收入比重

其中：银行贷款占本年收入比重

（2）应付账款占本年收入比重

（3）预收账款占本年收入比重

（4）其他应付款占本年收入比重

（5）应缴预算款和应缴财政专户款占本年收入比重

（六）人均支出分析评价指标

由于各部门规模大小不同、资金量不同、职工人数不同，不同部门之间难以进行收支情况对比。只有人均支出可以把不同部门拉到一个可比的平台上。通过此项指标，分析评价人均收支余水平以及合理合规性；通过同类部门人均收支余的对比，评价部门经费宽紧度及预算管理水平。

1. 行政单位人均收支余分析评价指标

（1）年人均支出

其中：人均财政拨款支出

（2）人均基本支出

其中：人均财政拨款基本支出

人均财政拨款基本支出占人均基本支出比重

（3）人均基本支出中人员经费支出

其中：人均财政拨款基本支出中人员经费支出

人均财政拨款基本支出中人员经费支出占比重

（4）人均项目支出

其中：人均财政拨款项目支出

（5）人均年末结转和结余

其中：人均财政拨款年末结转和结余

人均财政拨款基本支出年末结转和结余

人均财政拨款项目支出年末结转和结余

2. 事业单位人均收支余分析评价指标

（1）年人均支出

其中：人均财政拨款支出

（2）人均基本支出

其中：人均财政拨款基本支出

人均财政拨款基本支出占人均基本支出比重

（3）人均基本支出中人员经费支出

其中：人均财政拨款基本支出中人员经费支出

人均财政拨款基本支出中人员经费支出占比重

（4）人均项目支出

其中：人均财政拨款项目支出

（5）人均事业基金滚存结余

（6）人均专用基金滚存结余

3. 人均其他收入和事业收入分析评价指标

（1）行政单位人均其他收入

（2）事业单位人均事业收入

4. 人均资产分析评价指标

（1）人均办公和业务用房面积

（2）人车比

三、部门决算分析评价结果的使用

（一）部门决算分析评价结果的展示

（1）将分析评价结果划分为好、中、差三档。可参照近年本级部门决算收支余等各项指标的平均值，将部门决算分析评价结果划分为好、中、差三档，按同类部门进行比较并分出档次，展示评价结果。

（2）将分析评价结果按高低进行排序。按同类部门的决算分析评价结果进行排序，展示评价结果。

（二）部门决算分析评价结果的使用

（1）在本级部门中公开部门决算分析评价结果。目前部门决算已向社会公开，所以也不妨将部门决算分析评价结果在本级部门（或同类部门）中进行公开。让部门在横向比较中，了解本部门财务管理状况和评价排名位次，从中发现问题，明确改进财务管理的方向和任务。

（2）在财政部门内部公开部门决算分析评价结果。可在财政部门内部将部门决算分析评价结果进行全面公开，让各业务机构了解自己分管部门的财务管理状况和在本级部门中的评价排名位次，明确改进预算管理和财政财务管理的方向和任务。

2012 年 11 月